Ljubica Radtke:

Unsichtbare Wesen unter uns.

Welche Geister verweilen unter uns und warum?

Herausgeber: © Blom Verlag, Horn-Bad Meinberg

2. Auflage 2016

ISBN 978-3-9811939-5-4

Lektorat: Helga Kirschbaum
Druck und Herstellung: Printed in Slovenien
Layout: Blom Verlag
Am Eichholz 3 · 32805 Horn-Bad Meinberg
info@blom-medien.de · www.blom-medien.de

Unsichtbare Wesen
unter uns

***

**Welche Geister
verweilen unter uns
und warum?**

Blom Verlag

Über die Autorin:

Ljubica Radtke, geb. 1946. Sie studierte Mathematik und Jura. Nach Ihrer Heirat und nach dem Sie ihrem Lehrer begegnete, widmete Sie sich vollständig dem Studium des hermetischen Wissens.

Besonderen Wert legte sie auf die praktische Arbeit nach dem Motto: „Praktizieren anstatt Philosophieren" und „Übung macht den Meister". Sie blickt zurück auf eine über 40-jährige Erfahrung in der praktischen Anwendung verschiedener hermetischer Lehren.

Außerdem sieht sie sich auch als Gnostikerin – jemanden, der auf der Suche nach dem Unterschied zwischen Illusion und wahrer Wirklichkeit ist und auf Grund der eigenen mystischen Erfahrungen den Glauben und das Begreifen des Göttlichen in das materielle, illusorische Leben integriert.

Blom Verlag

Danksagung

Meinen ersten spirituellen Lehrern in dieser Inkarnation, meinen Eltern, wie auch allen meinen Lieben, die ihren physischen Körper verlassen haben, vor allem meiner geistigen Führung, die mich aus der Anderswelt geführt und mir geholfen hat dieses Buch zu schreiben, bin ich unendlich dankbar...

Ljubica Radtke,
Bad Lippspringe, September 2009

Ein Wort zur zweiten Auflage

Liebe Leserinnen und lieber Leser, ich möchte ihnen noch einige Worte als Geleit mit auf den Weg geben, um ihr Interesse an diesem Thema zu befriedigen. Immer mehr und mehr öffnen sich die Herzen der Menschen für die spirituellen Eindrücke, aber leider geht die Entwicklung genauso immer mehr in die entgegengesetzte Richtung. Statt das geistige Interesse zu stärken wenden sich die Menschen, trotz dem wachsenden Interesse nach geistigen Welten und ihren Wesen, zum Materialismus, indem sie diese Wesen zur Erfüllung ihrer materiellen Wünsche benutzen wollen. Immer schon wurde der Geist der Menschen von dieser destruktiven Seite angezogen, heute vielleicht mehr denn je zuvor, weil Egoismus und Eigennutzen in der heutigen Welt eine sehr starke Position einnimmt. Wie die Fliegen, die von schmackhaftem Essen angezogen werden, weil es für sie einen Genuss verspricht, sind auch viele quasi spirituelle Menschen auf dem spirituellen Markt anzutreffen, die sich großen Gewinn von dem Verkauf der Erfüllung der Wünsche wie auch von verschiedenen Einweihungen, Entwicklung von übersinnlichen Fähigkeiten und Ähnlichem versprechen.

Es ist wichtig klar zu stellen: es gibt keine Instant-Spiritualität! Kein Wochenendseminar kann euch spirituell machen! Genauso gibt es keine Instant-Medialität, wobei man auf einem Seminar erlernen kann wie man höhere geistige Wesen oder Verstorbene kontaktiert. Es ist wahr, dass sich heute immer mehr Menschen nach einem solchem Kontakt sehnen aber man soll auch die Motivation danach überprüfen. Möchte man diese Kontakte, ob mit Engeln oder anderen Wesen und Wesenheiten, nur um nach der Befriedigung von Eigeninteressen zu streben, so ist der Mensch auf dem falschen Weg und statt den Engel des Guten werden ihm die Engel des Bösen zur Hilfe entgegeneilen.

Die so genannten „Buchstaben Okkultisten", die ihr Wissen aus verschiedenen Büchern erworben und selbst keine Erfahrung damit gemacht haben, vermehren sich heute so wie Pilze aus der Erde sprießen nach einem guten Regen, und sind erpicht darauf, die sehnlichen Wünsche der Menschen nach geistiger Entwicklung auszunutzen, um mehr Geld zu machen. Mir liegt nichts ferner als Kritik auszuüben und jemanden zu bewerten oder zu entwerten. Der Mensch, der sich anmaßt das tun zu können, wäre keinen Deut besser als jene, die er kritisiert. Ich möchte euch nur darauf aufmerksam machen, dass nicht alles Gold ist was glänzt. Sind sie bitte vorsichtig und selbstkritisch. Erwarten sie z.B. keine schnelle Entwicklung ihrer eigenen Medialität, die sie nach ein paar Stunden erteilten Instruktionen wie man das macht schon dazu befähigt. Die Wahrheit

6

ist, dass in jedem Menschen alle übersinnliche Fähigkeiten vorhanden sind aber sie schlummern da. Um sie zu wecken und zu entwickeln bedarf es regelmäßigen Übungen und Arbeit an sich selbst: Gedanken- und Gefühlskontrolle zu erlangen, den eigenen Willen zu stärken und nicht zuletzt zu wissen sich in jeder Situation zu schützen. Erst wenn man anfängt an sich zu arbeiten, werden sich auch nach und nach die schlummernden Fähigkeiten entwickeln. Wenn der Mensch auf diese Weise vorbereitet ist, können die erweckten Fähigkeiten ihm von Nutzen sein und seine weitere Entwicklung fördern.

Ich wünsche ihnen, meine liebe Leserinnen und Leser, viel Spaß beim Lesen dieses Buches.

Ljubica Radtke,
Bad Lippspringe, Dezember 2015

Inhaltsverzeichnis:

„Die Geisterwelt ist nicht
verschlossen;
Dein Sinn ist zu,
dein Herz ist tot."

J. W. Goethe

Einführung

Der Mensch ist viel mehr als nur sein physischer Körper. Er ist auch Geist und Seele, in ihm ist der göttliche Funke; er ist der Erbe seines Schöpfers und Gottvaters, und als solcher ist er unsterblich und unzerstörbar. Somit ist ihm auch das ewige Leben gewiss. In diesem Buch habe ich vor darzustellen, was mit der Seele nach dem Ableben des physischen Körpers passiert, wohin sie geht und wo sie verweilt, bevor sie für eine neue Verkörperung bereit ist. Vor allem möchte ich zeigen, dass die Liebe, die uns mit anderen Menschen verbindet, den Tod des Körpers überdauert und dass wir weiterhin mit unseren Lieben, die verschieden sind, verbunden bleiben. Wenn wir einmal mit jemandem in Liebe verbunden sind, kann dieses Band nie mehr zerrissen werden, auch nicht durch den Tod. Obwohl unsichtbar für die Augen der meisten Menschen, sind unsere Verstorbenen bei uns, beobachten uns und nehmen an unserer Entwicklung teil, indem wir telepathisch ihre Meinung, ihre Vorstellung oder ihre gesendeten Denkanstöße, übernehmen.

Meistens suchen die Verstorbenen selbst den Kontakt mit ihren Angehörigen in dieser Realität, besonders wenn sie sehen, dass sie aufgrund der Trennung von ihnen unglücklich und deprimiert sind. Sie möchten uns wissen lassen, dass sie immer noch leben, dass es ihnen gut geht und dass sie glücklich und immer noch mit uns in Liebe verbunden sind. Sie haben nicht aufgehört zu sein, nur weil sie in die andere Dimension übergegangen sind. Im Gegenteil. Sie leben freier und glücklicher als hier auf der Erde und sie haben die Möglichkeit, sich leichter spirituell weiter zu entwickeln in der Nähe des göttlichen Lichtes. Die höher entwickelten Wesen und Wesenheiten stehen ihnen mit ihren Ratschlägen und Lehren zur Verfügung, genauso wie sie den Erdbewohnern zur Verfügung stehen, wenn diese Kontakt mit ihnen aufnehmen und sie als den eigenen Schutzengel, geistigen Führer, Lehrer oder Helfer erkennen. Sie können aber diese Verbindung mit der verlassenen Realität auch aus anderen Gründen suchen. Zum Beispiel, weil sie Irrtümer, die vor ihrem Tode bestanden haben, richtig stellen möchten. Oder weil sie Frieden mit einem Menschen, der in dieser Welt zurückgeblieben ist, schließen wollen. Oder sie wollen etwas bereinigen, was den Fortschritt auf ihrem eigenen Weg in der geistigen Welt behindert. Verhindern wir oder verweigern wir diesen Kontakt mit unseren Verstorbenen, egal aus welchen Gründen, rauben wir ihnen die Möglichkeit, sich von dieser Ebene völlig zu lösen und unbeschwert im Licht verweilen zu können.

Es gibt keine getrennten Welten, diese und jene, es gibt nur eine Wirklichkeit, die aus zwei und mehr Realitäten bzw. Ebenen besteht. Wenn ein Mensch seinen physischen Körper verlässt, wechselt er die eine Realität mit der anderen, was nichts an seiner Liebe zu uns ändert. Er fühlt sich immer noch uns zugehörig und begleitet uns mit seinen Gedanken. Aus diesem Grund ist er auch bereit, in Kontakt mit dieser Seite der Realität (mit den Verbliebenen) zu treten und sich seinen Lieben auf verschiedene Weise zu offenbaren.

Ich erwarte nicht, dass durch dieses Buch alle Menschen restlos davon überzeugt werden, dass es ein Leben nach dem Tod gibt, dass unsere so genannten Toten lebendiger als wir sind und dass eine Kontaktmöglichkeit mit Verstorbenen eine Tatsache ist. Dieses Buch soll einen Anstoß geben, dass sich die Menschen gedanklich damit auseinandersetzen und anfangen zu verstehen, dass diese unsere Welt nur ein Aspekt der Wirklichkeit und nur ein Teilchen der Schöpfung als Ganzes ist. Alles ist miteinander verbunden und deshalb soll man die Möglichkeit der Verbindungsaufnahme mit der geistigen Welt nicht a priori ablehnen.

Darf man die Toten
durch Kontaktaufnahme stören?

Bevor ich anfange, über magische Kontaktaufnahmen zu sprechen, sollen wir klären, ob man die Toten überhaupt durch solche Kontakte „stören" darf. Oft ist zu hören, man soll die Toten ruhen lassen und sie nicht mit unseren Anrufungen belästigen. Nun, die Erfahrungen der heutzutage zahlreichen Medien beweisen, dass eigentlich die verschiedenen Seelen und nicht die Hinterbliebenen den Kontakt suchen. Es mag vorkommen, dass jemand z.B. den Kontakt mit einem verstorbenen Ehepartner sucht und deshalb eine Einzelsitzung mit einem Medium vereinbart. Das bedeutet keinesfalls, dass er/sie dort auch den erwünschten Kontakt mit dem Ehepartner haben wird. Es mag sein, dass seine/ihre Oma etwas Wichtiges mitzuteilen hat und die Gelegenheit nutzt, sich zu melden, um das was sie belastet, in Ordnung zu bringen. Also, hat sie den Kontakt gesucht und nicht der Mensch, der mit einem ganz anderen Anliegen zu dem Medium kam. In zahlreichen Büchern, die von verschiedenen Medien zusammengestellt bzw. geschrieben wurden, wird dieses Phänomen ausführlich beschrieben und durch Beispiele belegt.

Es gibt viele Gründe, warum unsere Verstorbenen eine Verbindung mit uns suchen. Manchmal ist da nur der Wunsch, uns begreiflich zu machen, dass sie weiter existieren bzw. auf einer anderen Ebene, in einer anderen Dimension leben aber dass sie, nach wie vor, durch ihre Liebe zu uns, mit uns verbunden sind. Sie möchten uns trösten und uns wissen lassen, dass es ihnen gut geht und dass sie dort, wo sie sich befinden, glücklich sind. Viele von ihnen nehmen weiterhin Anteil an unserem Leben, unseren Plänen und unserer Entwicklung und versuchen uns zu helfen wo sie nur können. Selbstverständlich begleiten sie uns

13

mit ihren Gedanken und wirken auf uns auf telepathischer Basis. Ihre Ratschläge erscheinen uns als unsere eigenen Eingebungen und Ideen, wie wir eine Situation meistern können. Aber wenn wir uns für diese Zeichen aus der Anderswelt verschließen und sie nicht wahrnehmen oder sie missachten, suchen sie eine andere Möglichkeit, sich uns zu offenbaren und deutlicher zu werden, auch wenn das über ein Medium geschieht. Durch dieses „Helfen" haben auch die Seelen auf der anderen Seite der Realität einen Nutzen. Sie wachsen dadurch selbst und schreiten voran auf ihrem eigenen Entwicklungsweg in der geistigen Welt. Eines aber müssen wir wissen: diese Seelen melden sich aus einer niederen Ebene, denn egal aus welchem Grund (Hass oder Liebe), sie mit der grobstofflichen Ebene verbunden geblieben sind, sie können nicht weiter aufsteigen, bevor sie diese Verbindung aufgelöst haben.

Es gibt bestimmt auch andere Gründe als den Verbliebenen helfen zu wollen, warum eine Seele eine Verbindung sucht. Es kann sein, dass sie manche Irrtümer, die vor ihrem Tod bestanden haben, ebnen und bereinigen möchte. Oder, dass sie etwas richtig zu stellen wünscht, was zu Konflikten mit ihren Mitmenschen während ihres irdischen Lebens geführt hat. In manchen Fällen sucht die Seele einfach die Möglichkeit um Vergebung zu bitten, um endlich Ruhe zu finde und auf ihrem Weg in das Licht weiter schreiten zu können. Die Seele wird mit tiefstem Bedauern erfüllt z.B. wegen des Leides das sie mit ihrer Handlungsweise im physischen Körper verursacht hat, was sie eben in der geistigen Welt erkannt hat. Sie möchte Frieden mit Menschen, die in dieser Realität geblieben sind, schließen und so den Fortschritt auf dem eigenen Weg in der geistigen Welt nicht mit verbliebenen und mitgenommenen Belastungen behindern. Wäre es dann falsch, solche Wünsche zu akzeptieren und diesen Seelen die Möglichkeit zu geben, durch Kontaktaufnahme mit den Verbliebenen sich unbelastet weiter zu entwickeln? Oder wollen wir sie verdammen, dass sie so lange in der Zwischenwelt ausharren müssen, bis wir sie dort antreffen und sie erst dann diese Angelegenheit mit uns bereinigen können? Wir dürfen nicht vergessen, dass wir auch in der geistigen Welt kontinuierlich weiter lernen und aus dem Rückblick auf unser Leben gelehrt werden, was wir falsch gemacht haben und wie wir das wieder in Ordnung bringen sollen. Vergebung ist sehr wichtig sowohl für die Seelen die weggegangen sind als auch für die Seelen die geblieben sind. Erst mit Verzeihen verstehen wir. Und erst wenn wir den anderen vergeben können, können wir auch uns selbst unsere Fehler vergeben. Schuldgefühle können jemanden jahrelang und auch über den Tod hinaus belasten. Es gibt keinen strafenden Gott. Er möchte, dass wir glücklich sind. Der Mensch bestraft sich selbst mit seinen Gewissenbissen und Schuldgefühlen und wenn er keine Möglichkeit hat, um Vergebung zu bitten und diese auch zu bekommen, ist er zu einer großen Qual verdammt. Wollen wir es auf uns nehmen, solchen gequälten Seelen die Möglichkeit vorzuenthalten, sich durch den Kontakt mit unserer Realität zu befreien, nur weil wir die falsche Überzeugung haben, dass man die Toten in Ruhe lassen soll? Wenn man das nicht vor dem Tod gemacht hat, ist eine Verbindung zu der geistigen Welt sehr wichtig, um eben auf diese mediale Art eine Vergebung zu geben und zu bekommen, um somit von der verlassenen Ebene loslassen zu können. Vergebung nur von unserer Seite bringt der Seele noch nicht die absolute Befreiung von ihrer Schuld. Das ist eine Sache, die die Seele mit Gott regelt. Die Bereinigung der Vorkommnisse, die in unserer Realität stattgefunden haben, ist nur ein Schritt, der zum Wachstum und Lernen der Seele beitragen kann. Bei der Kontaktaufnahme mit dieser Ebene ist Vorsicht sehr geboten. Da verweilen nicht nur gute erdgebundene Geister, sondern auch böse, die sich gerne verstellen und sich als unsere Lieben ausgeben, um sich unserer Seele zu bemächtigen. Deshalb ist es bei jeder Kontaktaufnahme äußerst wichtig, sich zu schützen und sich zu vergewissern, mit welcher Art der Geister wir es zu tun haben.

Tatsächlich aber gibt es eine Zeitspanne, in welcher es besser ist, die Toten in Ruhe zu lassen. Das ist die Zeit unmittelbar nach ihrem Verlassen des physischen Körpers, wenn die Seele, nach unserer Zeitmessung etwa nach ungefähr sieben bis vierzehn Tagen, in einen „erholsamen Schlaf" fällt. In diesem „Schlaf" setzt sie sich mit ihrem vergangenen Leben auseinander, erkennt ihre Fehler, wertet ihre angenommenen oder nicht gelernten Lehren und entscheidet, auf welcher Ebene sie, nach ihrem Aufwachen, weiter sein wird. Wie lange dieser Schlaf dauert, ist von Seele zu Seele verschieden und sehr individuell. Meistens aber soll man mit der Kontaktaufnahme mindestens sechs Monate, nach unserer Zeitmessung, nach dem Verlassen des Körpers warten. Warum ich immer diese Worte „unsere Zeitmessung" anführe? Aus einem einfachen Grund: Auf der Astralebene, wo sich die Seelen nach dem Ablegen des physischen Körpers befinden, gibt es keine Zeit. Und wenn die Seele einmal mit der Auswertung ihres Lebens fertig ist, versucht sie, auf für sie erreichbaren Wegen, Kontakt mit Verbliebenen aufzunehmen. Wie gesagt, wir können Denkanstöße von ihnen erhalten, oder sie nehmen mit uns Verbindung in unseren Träumen auf, oder wenn sich diese Möglichkeit ergibt, durch ein Medium, einen Magier oder Sensitiven. Eines darf man aber nicht vergessen: wir haben in unserem Leben viele Seelen berührt und sind mit ihnen in Kontakt getreten. Das sind nicht nur unsere Familienmitglieder und Verwandten, sonder auch unsere Freunde, Arbeitskollegen oder Nachbarn, die alle nach ihrem Ableben Kontakt mit uns suchen können. Deshalb dürfen wir nicht nur auf unsere Lieben fixiert sein, sondern wir sollen offen sein für alle die mit uns Kontakt aufnehmen wollen, und ihnen ermöglichen, ihr Anliegen weiter zu geben und zu überbringen.

Manchmal passiert es, und es ist nicht so ungewöhnlich wie man denken könnte, dass ein Verstorbener innerhalb der ersten Woche versucht, von Verbliebenen erkannt zu werden. Meistens geschieht das vor der Bestattung. Er macht sich auf die eine oder andere Art in seiner gewöhnlichen Umgebung bemerkbar wie zum Beispiel durch Klopfzeichen, Radios, Fernseher oder Lichter, die an- und ausgeknipst werden oder es kommt einem so vor, als ob man mit der Stimme des Toten gerufen würde. In dieser Zeit hat die Seele noch einen starken Drang zur Erde und zur gewohnten Umgebung, hält sich dort auf und kann alles hören und sehen was sich dort abspielt. Deshalb soll man in dieser Zeit nichts Schlechtes über die verstorbene Person reden, denn es muss für eine Seele sehr belastend sein, so etwas zu hören und gleichzeitig feststellen zu müssen, dass sie keine Möglichkeit hat, sich zu rechtfertigen. Außerdem wirkt das nachteilig auf den Prozess der Loslösung der Seele von der materiellen Ebene. Besonders belastend für die Seele, die eben ihren Körper verlassen hat, ist in dieser Zeit die fehlende Fähigkeit der Verbliebenen von ihr loszulassen. In unserer Trauer sind wir sehr oft egoistisch und denken nur an unseren Verlust, unsere Gefühle und unsere Trauer aber nicht an den Verstorbenen selbst und daran, dass wir ihn durch solche Gedanken und Gefühle an diese Ebene fest binden. Wiederholen wir dabei ständig die Vorwürfe: "....Warum hast du mich verlassen? Ich vermisse dich so sehr.....", oder wenn jemand an seiner Spiritualität arbeitet und theoretisch weiß, dass das Leben weiter geht und der Verstorbene nur die Ebene der Existenz gewechselt hat und trotzdem sagt: ".....ich weiß es, du bist da, aber ich möchte dich sehen, berühren, umarmen, warum bist du gegangen?.....", muss die Seele des Verstorbenen stark und entwickelt sein, um ihren Weg frei und unbelastet weiter gehen zu können. Weniger entwickelte Seelen bleiben dann in unserer Umgebung, was sie an ihrem geistigen Fortschreiten hindert. Die Seele versucht sich in dieser Zeit bemerkbar zu machen, weil sie uns in unserem Leid wegen der Trennung, unserer Verzweiflung, unserem Schmerz und unserer Trauer, trösten und uns zeigen möchte, dass sie noch immer bei uns ist, was auf der mentalen Ebene ohnehin immer so bleibt. Oder sie möchte eine Vereinbahrung, die sie mit einem oder mehreren Familienmitgliedern getroffen hatte, einlösen. Dazu kann ich meine eigene, wie auch Erfahrungen meiner Lieben, schildern.

Manche Seelen bleiben längere Zeit verstrickt in ihre zurück gelassenen materiellen Angelegenheiten und können nicht vollkommen davon loslassen. So bleiben sie damit verbunden und leben quasi zwei Leben gleichzeitig: sie lernen weiter auf ihrem spirituellen Weg in der geistigen Welt und werden gleichzeitig von der materiellen Welt und den verschiedenen Alltagssituationen angezogen. Das gehört auch zu dem Lernprozess, durch den wir alle gehen müssen. Solche Seelen müssen lernen, sich von ihren Leidenschaften und manchen Eigenschaften zu distanzieren und diese unter Kontrolle zu halten, wenn sie sich von ihnen schon nicht befreien können. Eine Kontaktaufnahme mit Verbliebenen kann ihnen helfen zu begreifen, dass sie jetzt ohne physischen Körper in der physischen Welt nicht in gleicher Weise agieren können und dass sich ihnen viel bessere Möglichkeiten in der geistigen Welt öffnen und darbieten, als mit der grobstofflichen Welt in dieser Weise verbunden zu bleiben.

Also, man kann feststellen, dass für die beiden Seiten, für die Verbliebenen wie auch für die Gegangenen, eine Kontaktaufnahme von Vorteil sein kann. Eines aber muss man wissen: ein „normales" Medium kann keinen Kontakt mit einem Verstorbenen herstellen, wenn diese Seele den Kontakt selbst nicht sucht. Einem Magier stehen andere Möglichkeiten zur

Verfügung, die Seele eines Verstorbenen zu evozieren, was er aber nicht anwenden wird, wenn er sich auf dem Weg des Lichtes befindet. Er wird keinesfalls den freien Willen einer Seele missachten und sie zum Kontakt zwingen, obwohl er imstande wäre, dies zu tun. Wenn aber eine Seele selbst die Verbindung mit der physischen Welt und ihren Lieben, die dort geblieben sind, sucht, wäre es falsch, ihr diese Verbindung zu untersagen, aus welchen Gründen auch immer. Aus einem hergestellten Kontakt kann nur Gutes für beide Seiten herauskommen.

Kann man während des Lebens Vereinbarungen treffen, sich nach dem Sterben zu melden?

Aber natürlich! Woher ich das weiß und behaupten kann? Aus eigener Erfahrung und aus Erfahrungen meiner Lieben. Sie wollen wissen, wieso ich mir sicher bin, dass ein Kontakt zustande kam? In folgenden Zeilen werde ich Ihnen mein Erlebnis schildern, dann entscheiden Sie selbst. Also, meine Mutter erzählte mir, dass meine Oma an ihrem Sterbebett versprochen hatte, sich nach ihrem Tod zu melden. Leider haben sie kein konkretes Zeichen vereinbart und so konnte meine Mutter nicht wissen ob sie sich gemeldet hat oder nicht. Wie kam meine Oma dazu, so etwas zu versprechen? Obwohl sie 1888 geboren wurde, war sie eine sehr aufgeschlossene Frau, neugierig und offen für alles. Sie selbst hat auch so manche Erfahrung gemacht, von der sie nicht wusste wie sie sie erklären und wo sie sie einordnen könnte. Sie sprach mit meiner Mutter darüber und die beiden stimmten überein mit der Meinung: es müsse ETWAS Unsichtbares und Unerklärliches geben. Da meine Großmutter schon alt war, ging sie davon aus, als Erste zu sterben. Wenn das passiert und es etwas „da oben", wie sie es sagte, gäbe, würde sie sich melden. Als meine Oma starb, war ich acht Jahre alt. Ich bin überzeugt, dass sie versucht hat sich zu melden, aber dass meine Mutter für alle ungewöhnlichen Vorkommnisse eine „reale" Erklärung suchte und fand. Hörte sie, dass die Holzbretter am Fußboden nachts knirschten als ob jemand darauf ginge, kam das vom ganz „normalen" Zusammenziehen des Holzes. Hörte sie Klopfgeräusche, waren das die Mäuse, die etwas Schweres durch ihre Gänge in Wänden und Böden trugen. Haben sich die Gardine im Zimmer, wie von einem Windstoß, bewegt, waren die Fenstern undicht usw. usw.

Als ich geheiratet habe, wohnten mein Mann und ich im Haus meinen Eltern und zwar in Räumen, welche früher meine Großeltern bewohnten. Der Raum, der jetzt unser Schlafzimmer war, war so lange sie lebten ihr Schlafzimmer. Ich erwartete mein erstes Kind, als sich meine Großmutter unmissverständlich meldete. Es war tief in der Nacht. Alles schlief und mein Mann und ich auch. Etwas weckte mich aus dem Schlaf. Ich wusste nicht was es war. Es war kein Geräusch, aber irgendetwas war es. Ich lag mit offenen Augen im Bett und horchte. Es war alles so unheimlich. Alle meine Sinne waren angespannt. Ich wurde ängstlich und starrte wie gebannt vor mich hin, an die mir gegenüber liegende Wand. Da bildete sich erst ein Nebel-schwaden dann eine Nebelwolke, so groß wie ein Mensch. Sie war schwach leuchtend bläulichgrau. Und sie wurde immer dichter. Ich lag im Bett, steif wie ein Brett und konnte mich nicht um einen Millimeter bewegen. Dabei bekam die Nebelwolke die Form und das Aussehens einer Person: meiner, vor vielen Jahren verstorbenen Oma! Der liebliche Duft von Veilchen erfüllte das Zimmer. Das war Omas liebster Duft. Ich erkannte ihn! Ich erkannte sie! Ich wusste mit Sicherheit; das ist sie. Ich wollte sie rufen, aber ich konnte keinen Laut aus meiner Kehle hervorbringen. Das was ich gesehen habe, dieses Wesen, das ich als meine Großmutter identifizierte, bewegte sich nicht und sprach nicht, aber in meinem Kopf hörte ich doch: „Ja, das bin ich. Und hier jetzt mein Zeichen." In dem Augenblick fiel die Gardinenstange samt Gardinen von der Wand auf den Fußboden. Es krachte wie ein Donnerschlag. So mitten in der Nacht. Ich schrie auf! Mein Mann sprang aus dem Bett und machte das Licht an. Das ganze Haus erwachte. Meine Mutter stürmte in unser Zimmer mit der Frage: „Was ist passiert!?" Ich war total aufgeregt. Emotionen bestürmten mich und ich fing an zu weinen. Während mein Mann die Gardinenstange beschaute und festzustellen versuchte wie sie herunterfallen konnte wenn alles ganz in Ordnung ist, nahm mich meine Mutter in den Arm, streichelte mich als ob ich noch ein Kind wäre und unter ihren Liebkosungen erzählte ich ihr, was sich gerade zugetragen hat. „Ach, Mutter, Mutter" - sagte sie zur Wand schauend, wo ich die Erscheinung gesehen habe- „ich habe deine bisherigen Zeichen verkannt, aber dieses nehme ich als solches absolut wahr." Ich habe mich beruhigt aber das Erlebnis dieser Nacht habe ich nie vergessen. Diese meine Großmutter aber hat sich nie wieder gemeldet.

Ein Skeptiker wird jetzt sagen: sie spinnt! Eine schwangere Frau ist leicht erregbar und diese musste dazu noch eine blühende Phantasie haben. Aus dem Spiel von Licht und Schatten sah sie ein Gespenst, vor lauter Angst wurde sie wie gelähmt und der Fall der Gardinenstange samt Gardinen muss eine physikalische Erklärung haben. Vielleicht hat sich eine Schraube gelockert oder die Stange hatte einen Riss und brach einfach ab. Schön und gut. Das wären mögliche Erklärungen aber es war nicht so! Obwohl schwanger, war ich doch nicht von Sinnen! Sollte ich mir etwas einbilden, wie konnte ich mir denn den Duft der Veilchen einbilden, wenn diesen Duft alle gerochen haben? Mein Mann wie auch meine Mutter als sie in das Zimmer eintrat. Außerdem, mein Mann, der ein sehr realistischer Mensch war und alle unerklärlichen Vorkommnisse als „Humbug übergeschnappter Menschen" abtat, suchte selbst nach einer realen physikalischen Erklärung, warum die Gardinenstange heruntergefallen ist und fand sie nicht. Alles war in Ordnung! Die Schrauben waren fest gezogen, es gab keinen Riss und die Stange war nicht gebrochen, sondern einfach vom Halter abgeworfen. Aber gut. Ich erzähle Ihnen weiter, was ich mit meiner Mutter vereinbarte.

Wie schon gesagt, hatte ich mit meiner Mutter ein sehr inniges Verhältnis. Sie war meine erste Vertraute und Lehrerin auf dieser physischen Ebene und sie war die Erste, die mich mit Gott bekannt machte, meine erste spirituelle Lehrerin in der grobstofflichen Welt. Mit ihr habe ich die folgende Vereinbarung getroffen: wenn sie stirbt und es tatsächlich ein Leben nach dem Tod gibt, soll sie mich, für mich verständlich, davon in Kenntnis setzen. Um zu verhindern, dass ich, aber auch die anderen, die Art wie sie sich meldet nicht verstehe, wollten wir ein genaueres Zeichen vereinbaren. Zur gleichen Zeit als wir solche Gespräche führten, sahen wir eine Fernsehsendung, in welcher die damals bei uns sehr bekannte Schauspielerin Olga Spiridonova von einer ihrer übersinnlichen Erfahrung erzählte. Diese Erfahrung fand nach dem Tod ihrer Mutter statt. Ihre verstorbene Mutter kam zu ihr als ein Nachtfalter. Dieser Nachtfalter flog durch das offene Fenster in ihr Zimmer hinein. Sofort dachte sie an ihre Mutter und sprach den Falter an, wenn er ihre Mutter wäre, solle er auf ihre Handfläche landen. Der Nachtfalter landete auf ihre ausgestreckte Handfläche und schaute sie an. Dort blieb er mehrere Minuten ruhig sitzen. Sie gab ihm weinend zu verstehen, dass sie die Botschaft der Mutter verstanden hatte und der Nachtfalter flog wieder durch das Fenster hinaus und verschwand in der Nacht.

Dieses Ereignis brachte meine Mutter und mich auf die Idee, das gleiche Zeichen zu vereinbaren. Wir wussten, dass gemäß östlicher Philosophie (bestimmte Richtungen des Hinduismus und Buddhismus) unsere Seele zuerst als ein Mineral, dann als Pflanze, als niedriges Tier und schließlich als Mensch geboren wird. Diese Lehre besagt auch, dass ein Mensch, der sich in seiner menschlichen Inkarnation wie „ein Tier" benommen hat, zurückfallen und wieder, zur Strafe, als ein Tier geboren werden kann. Wir wussten auch, dass die westliche hermetische Lehre diese Transmigration bestreitet. Einmal als Mensch geboren zu sein bedeutet, laut dieser Lehre, sich immer wieder als Mensch zu inkarnieren, so lange bis man dem Rad des Karmas entwischt und sich von sich wiederholenden Inkarnationen befreit hat. Wir wussten auch, dass einer Seele, die sich im Jenseits befindet, die Tiere gerne helfen und als ihre Vermittler Kontakt mit Menschen im Dasein aufnehmen, ganz nach dem Wunsch der verschiedenen Seele. Dem entsprechend, hat meine Mutter mit mir Folgendes vereinbart: sollte mit dem Tod das Leben nicht aufhören, würde sie einen Nachtfalter zu mir schicken. Mit meiner Nichte, die kleine grüne Frösche sehr liebte, wie das auch meine Mutter tat, vereinbarte sie das Zeichen: sie würde zu ihr, auf ihre Handfläche, einen dieser kleinen Frösche schicken.

Im Jahr 1995 verstarb meine Mutter. Zu der Zeit hielt ich mich im Ausland auf. Sobald ich aber die Nachricht von ihrem Tod bekam, reiste ich mit meiner Tochter dorthin, um bei ihrer Beisetzung dabei zu sein. Der Tod meiner Mutter hat mich sehr getroffen und ich war regelrecht verzweifelt. Als wir in den Hof vor meinem Elternhaus eintraten, fiel mir sofort auf der Eingangsglastür ein großer Nachtfalter auf. Er saß dort und bewegte sich nicht, obwohl mehrere Menschen ein- und ausgingen. Ich wusste sofort: das ist das Zeichen meiner Mutter! Der Nachtfalter blieb dort so lange unbeweglich, tagsüber wie auch in der Nacht, bis die Beisetzung des physischen Körpers meiner Mutter vorbei war. Das waren drei Tage und drei Nächte. Erst dann flog er fort und nie wieder kam ein Nachtfalter dorthin, es war auch nie zuvor einer dort. Trotz dieses vereinbarten Zeichens zweifelte ich an ihm wie auch an meiner Wahrnehmung und dachte: das war purer Zufall und ich habe das als ersehntes Zeichen angenommen. Wie ich sagte, ich trauerte sehr um meine Mutter, aber überall im Haus spürte ich ihre Anwesenheit. Um diese Zweifel, ob der Nachtfalter an der Tür unser Zeichen oder nur Zufall war, los zu werden, bat ich meine Mutter, mir noch ein Zeichen zu geben. Als sie noch lebte, tranken wir beide gerne einen Mokka zusammen. So machte ich Mokka für uns beide, schenkte ihn in zwei Tassen, trank meine Tasse aus und bat meine Mutter als zweites Zeichen, dass sie hier und lebendig ist, ihre Mokkatasse auszutrinken. Ich ließ die Tasse mit Mokka gefüllt über Nacht auf dem Nebentisch stehen und legte mich schlafen. Am nächsten Morgen sah ich: in der Tasse fehlten zwei Drittel von dem Mokka! Meine Mutter war wirklich da! Um zu sehen, ob die Flüssigkeit eventuell verdampfen konnte, machte ich eine Probe. Ich ließ erneut eine volle Mokkatasse über Nacht stehen, bat die Mutter, sie nicht zu berühren und am nächsten Morgen war sie genauso voll wie am Vorabend. Alle meine Zweifel waren dahin.

Meine Nichte machte ebenfalls ihre Erfahrung mit dem verabredeten Zeichen. Sie trauerte auch sehr um ihre Oma, die auch ihre Vertraute und enge Bezugsperson war. Einige Wochen nach der Bestattung, als meine Nichte in den Garten am Haus ging, sprang ein kleines grünes Fröschlein aus dem Gras genau vor ihre Füße, blieb dort sitzen, hob das Köpfchen hoch und schaute sie an. Sie erzählte mir, dass sie in diesem Augenblick in den Augen des Frosches die Frage gelesen hat: Erinnerst du dich noch an das vereinbarte Zeichen? Sie fing an zu weinen, ging in die Hocke und streckte dem Frosch ihre Hand entgegen. Bis dann saß der Frosch ruhig da und beobachtete sie, aber jetzt sprang er auf ihre Handfläche und blieb dort sitzen. Meine Nichte stand auf, immer noch mit dem Frosch auf der

Handfläche und sprach zu ihm Liebesworte, die sie eigentlich zu ihrer Oma sagen wollte. Sie fuhr mit der Hand nahe an ihr Gesicht, denn sie wollte den Frosch küssen. Der Frosch aber schmiegte sich an ihre Wange. Total aufgewühlt, traurig und doch auf eine Art getröstet, ging sie wieder in die Hocke. Der Frosch sprang auf den Weg, machte zwei Sprünge, drehte sich noch einmal um, als ob er sie noch ein letztes Mal grüßen wollte, sprang danach in einen Busch und verschwand.

Meine Tochter war traurig, nicht nur wegen Omas Tod sondern auch weil sie kein Zeichen mit ihr vereinbart hatte. Und doch bekam auch sie ein Zeichen, ganz anders als wir beide. Ihr hat sich Oma gezeigt. Meine Tochter ist sehr oft und sehr lange mit meiner Mutter zusammen gewesen. Wie gesagt, ich war in der Zeit oft und viel im Ausland und meine Kinder waren inzwischen von meinen Eltern, besser zu sagen von meiner Mutter, versorgt. Immer wenn meine Tochter ausging, wartete ihre Oma auf ihre Rückkehr. Sie konnte nicht schlafen, bevor alle ihre Enkel im Bett waren. Vor unserem Haus war die Bushaltestelle und wenn die Kinder in die Stadt oder in die Disco gehen wollten, mussten sie mit dem Bus hin und auch zurück fahren. Auch dann wenn sie nach Mitternacht, etwa gegen ein Uhr, nach Hause kamen, wachte meine Mutter und wartete immer noch auf sie. Es geschah einige Zeit nach dem Tod meiner Mutter. Meine Tochter war in der Stadt und fuhr gegen zweiundzwanzig Uhr mit dem Bus nach Hause. Von der Stadtmitte bis zu der Haltestelle vor unserem Haus fuhr der Bus etwa zehn bis fünfzehn Minuten. Es war Nacht, wenige Reisende im Bus und meine Tochter stand, sich festhaltend, vor der Ausgangstür. Die Fahrt war eintönig, sie war müde und ihr Kopf war leer. Dieses eintönige Schaukeln der Fahrt versetzte sie fast in einen Trance ähnlichem Zustand. Sie beobachtete in der Dunkelheit vorbeiziehende Häuser, Bäume, die Brücke über den Kanal und wieder Häuser und Bäume, bis sich der Bus

„ihrer" Haltestelle näherte. Da sah sie unser Haus und meine Mutter, die auf der Straße vor dem Hoftor, auf sie wartend, stand. Sie hatte Oma gut beobachten können bevor sie sich dessen bewusst wurde, dass sie Oma sieht, die eigentlich nicht dort sein konnte, denn sie war verstorben. In dem Augenblick als ihr das bewusst wurde, zuckte sie zusammen wie aus einem Trance-Zustand erwachend, aber die Erscheinung blieb noch eine Weile sichtbar; als der Bus verlangsamte um anzuhalten, verblasste sie langsam. Als meine Tochter aus dem Bus ausstieg, war auch Omas Erscheinung ganz verschwunden.

Wahrnehmungen unsichtbarer Wesen

Es bleiben nicht nur böse Seelen erdgebunden. Auch gute Menschen, die z.B. zu sehr an ihren Gewohnheiten, ihrem Zuhause oder ihnen nahe stehenden Menschen haften, bleiben ganz nahe dieser physischen Ebene und leben bei uns, mit uns, genau hier wo wir auch sind. Da die Schwingungen ihrer Äther- und Astralkörper höher sind als die Schwingungen unseres grobstofflichen Körpers, können wir sie nicht mit unseren physischen Sinnen wahrnehmen. Ist jemand sensibel, kann er sie spüren und manchmal auch mit den astralen Sinnen, auch mit den astralen Augen, sehen oder hören. So erzählte mir eine meiner Bekannten folgende Geschichte: Sie wollte sich eine Wohnung kaufen in einem alten Stadtteil ihrer Stadt. Es war wunderschön dort. Viele alte Bäume spendeten Schatten in den warmen Sommertagen und es war ganz ruhig ohne lärmenden Stadtverkehr. Alle Häuser waren Altbauten, die Wohnung, welche sie besichtigte, gefiel ihr auf den ersten Blick. Besonders aber fühlte sie sich dort vom ersten Augenblick an so behaglich und geschützt, dass sie auch den etwas höheren Preis gerne bezahlte, nur um die Wohnung zu bekommen. Sie zog ein. Sie

26

SÕLE

meditierte regelmäßig und das tat sie auch jetzt in der neuen Umgebung. Eines Tages, nach einer ihrer Meditationen, als sie, noch immer in einem meditativen Zustand, ihre Augen öffnete, sah sie in der Ecke des Zimmers einen Schaukelstuhl wippen und in ihm eine nette, gutmütig aussehende alte Frau sitzen. Die alte Frau lächelte meine Bekannte an. Diese aber schüttelte verwundert mit dem Kopf und das Bild der Frau im Schaukelstuhl verschwand. Sie dachte, es war nur eine Täuschung der Sinne. Wieder war sie in ihrem Zimmer alleine. Nur etwas hat sich doch seit dann verändert. Immer häufiger sah sie die Frau dort in der Ecke sitzend und schaukelnd. Sie erkannte, dass es sich um den Geist der Frau handeln musste, die die frühere Besitzerin der Wohnung war und sie akzeptierte die Anwesenheit dieses Geistes. Als ich sie fragte, ob sie etwas unternommen habe, ihre Wohnung zu reinigen und von diesem Geist zu befreien antwortet sie: „Nein. Warum sollte ich das tun? Sie stört mich nicht, offensichtlich störe ich sie auch nicht und wir leben in Frieden miteinander." Ich habe ihr erkläret, dass ich unter „Wohnung reinigen" nicht „den Geist vertreiben" verstehe, sondern ihm helfen, indem man ihm klar macht, dass er gestorben sei und dass er in das Licht gehen solle, wo er sich viel besser fühlen wird als hier, gebunden auf der Erdebene. Nur, jeder trifft seine eigenen Entscheidungen. Meine Bekannte auch. Sie lebt immer noch in Wohngemeinschaft mit dem Geist der alten Frau.

In einem meiner Seminare war auch eine seriöse, vertrauensvolle und ernste Frau anwesend, die hellsichtige Fähigkeiten hatte und die die Geisterwelt sehen konnte. Sie erzählte uns eines von ihren zahlreichen Erlebnissen. Sie fuhr einmal mit ihrem Auto, ganz alleine, spät in der Nacht auf einer schwach befahrenen Strasse. Nur sehr selten kam ihr ein Fahrzeug entgegen und schon sehr lange Zeit hat sie keines vor sich gehabt. Auf einmal sah sie eine junge Frauengestalt neben der Strasse stehen. Sie vermutete, dass die junge Frau beabsichtigte per Anhalter weiter zu reisen und hielt ihr Auto vor dieser Gestalt an. Sie schaute der Frau in die Augen, mit der Absicht, sie anzusprechen und ihr eine Mitfahrgelegenheit anzubieten. Sie dachte, so wird sie der Frau helfen und selbst nicht mehr ganz alleine im Auto sitzen und dementsprechend ein bisschen Unterhaltung haben. Die langwierige Reise wird schneller und angenehmer in Gesellschaft verlaufen. Nun aber, als sie der Frau in die Augen schaute, sah sie, dass die Augenhöhlen leer und schwarz waren. Sie wusste aus Erfahrung, dass nur die Augen einer Geistererscheinung so aussehen und da sie kein Verlangen nach der Gesellschaft eines Geistes hatte, gab sie Gas und fuhr schnell davon.

Meinen Sie, der Geist hätte sich aufgelöst und wäre nicht in das Auto eingestiegen, wenn es ihm erlaubt worden wäre? O nein, er hätte sich nicht aufgelöst, sondern wäre gern mitgefahren. Ich weiß auch von einem solchen Fall zu berichten. Das hat mir meine Urgroßmutter erzählt. Sie lebte in einem Dorf und hatte eine Freundin, die mit einem jungen Mann aus einem anderen Dorf verlobt war. Er war ein sehr begabter und guter Handwerker, den auch die Menschen aus der Stadt mit ihren Aufträgen aufsuchten. Die tragische Geschichte hat sich zugetragen, als er für einige Monate in der Stadt war, weil er dort eine gut bezahlte Arbeit bekam. In der Zeit erkrankte seine Verlobte, die Freundin von meiner Urgroßmutter, und innerhalb von einigen Tagen verstarb sie. Ihr Verlobter wusste nichts davon, denn keiner hat ihn darüber benachrichtigt, weil das erstens in der damaligen Zeit nicht so einfach war und zweitens sollte er sowieso in Kürze zurückkommen. Damals reiste man von Dorf zur Stadt mit der Pferdekutsche. Als der junge Mann seine Arbeit beendet hatte, wollte er schon am gleichen Tag, obwohl es bereits gegen Abend war, in sein Dorf fahren. Er war unterwegs, als die Nacht alles in ihren dunklen Umhang einhüllte. Sein Weg führte durch das Dorf seiner Verlobten zu seinem Dorf. Die Mitternacht nahte und er fühlte sich immer unbehaglicher, je näher seine Kutsche dem Dorf seiner Verlobten kam. In der Nähe des Dorfes, vor einer Holzbrücke, die über den vorbei fließenden Bach führte, sah er eine weibliche Gestalt stehen. Das Pferd weigerte sich weiter zu gehen, aber er trieb es mit Gewalt in diese Richtung. Nahe an die Gestalt herangekommen, erkannte er seine Verlobte, die zu ihm in die Kutsche einstieg. Sie hatte ein Kopftuch umgebunden, so dass ihre Stirn und ihre Augen im Schatten lagen. Er sah ihre Augen nicht, aber er konnte sie küssen und anfassen. Sie hatte einen normalen Körper und er hatte keine Zweifel, dass sie es war. Er fuhr sie nach Hause. Sie stieg ab, bat ihn aber, weiter in sein Dorf zu fahren und morgen wieder zu ihr zu kommen. Als er nach Hause kam, erzählte ihm seine Mutter, dass seine Verlobte inzwischen gestorben sei. Er konnte es nicht glauben. Er hatte sie soeben bei ihr zu Hause abgesetzt! Am nächsten Tag, schon morgens früh, fuhr er in das andere Dorf zu seiner Verlobten. Da wurde ihm bestätigt, dass sie vor einer Zeit gestorben sei. Ihm wurde klar, dass er einen Geist geküsst und sich mit ihm unterhalten hatte. Das war für ihn so schockierend, dass er sich, als er nach Hause kam, krank ins Bett legte und nie wieder aufstand. Nach einiger Zeit verstarb er auch.

Eine sehr ungewöhnliche Geschichte und, ich gebe zu, schwer glaubhaft. Ich hatte aber keinen Grund an sie zu zweifeln, denn, wie gesagt, meine Urgroßmutter hat es mir erzählt und ich wusste, dass ich ihr glauben konnte. Außerdem, schon damals war ich für alles Unmögliche offen, denn irgendwie wusste ich, dass es zwischen Himmel und Erde noch so viel Unerklärliches und uns Menschen Unbekanntes geben muss. Heute ist mir klar, dass das eben Geschilderte ein Fall der Materialisierung des Geistes der Frau war, die sich auf diese Weise von ihrem Verlobten verabschieden wollte.

Es sind aber nicht alle Wesen, die man in der anderen Ebene wahrnehmen kann, von menschlicher Gestalt. Es gibt auch solche, die als Fabeltiere zu sehen sind. Dazu kann ich auch ein Erlebnis aus meiner Praxis schildern. Vor fünf Jahren wurde ich von einer Familie engagiert, um ihr Haus zu reinigen. Sie hatten ein neues Haus erworben, sind dorthin umgezogen, hatten aber noch keine ruhige Nacht in ihrem neuen Haus. Sie wurden von Albträumen geplagt, hörten knarrende und knirschende Geräusche und hatten ständig das Gefühl, dass noch jemand in dem Haus anwesend ist, obwohl sie nie jemanden zu Gesicht bekamen. Sie wurden immer unruhiger, fühlten sich beobachtet und hatten ein sehr unangenehmes Gefühl innerhalb des Hauses. Sie baten mich, das Haus zu reinigen in der Hoffnung, dass sie danach Ruhe von unheimlichen Vorgängen haben würden. Meine Assistentin und ich unternahmen eine rituelle Reinigung vom ganzen Haus und Anwesen. Sobald wir das Haus betraten, hatten wir das Gefühl, dass sich im Keller des Hauses etwas befindet. Die Säuberung aller anderen Räumlichkeiten verlief reibungslos. Als wir aber unsere rituellen Handlungen im Keller unternahmen, sah ich ein Wesen, das sich dort im Untergrund befand und das wir dann erfolgreich entfernt haben. Als wir damit fertig waren und schon zurück fuhren, fragte mich meine Assistentin: „Hast du es auch gesehen?" Ich wusste sofort, dass sie bestimmt die dort anwesende Kreatur auch gesehen hat, und weil ich prüfen wollte ob wir das gleiche gesehen haben, antwortete ich mit einer Gegenfrage: „Was hast du gesehen?" Sie erzählte mir: „Als du die Anrufungen ausgesprochen hast, sah ich ein Wesen aus dem Untergrund sich erheben. Es war grünlich bläulich und hatte einen Menschenkopf aber den Körper eines Reptils, ähnlich einer Eidechse aber mit Schuppen, wie es die Fische haben, bedeckt. Und es hatte zornige, rötliche Augen. Ich hatte den Eindruck, es sei glitschig und schleimig, Furcht erregend, und ich glaube sogar übel riechend. Was ist

das wohl gewesen?" Alles stimmte mit meinen Eindrücken
überein. Damals hatte ich den Verdacht, dass es sich da um
ein Wessen der unterirdischen Gewässer handelt. Aber nach
einigen Monaten las ich von Reptilienwesen, die sich an einen Menschen festsaugen, auf ihn wirken und sich von seiner
Lebensenergie ernähren. Michael Mourer, ein ehemaliger
Scientologe, der eine Methode der Befreiung von fremden
Entitäten propagierte, schrieb auch von diesen Reptilienwesen
und gab Vorschläge für ihre Entfernung. Laut ihm sind diese
Wesen intelligente, hoch entwickelte, humanisierte Reptile,
die mit bloßen Augen unsichtbar sind aber am Rücken vieler
Menschen haften. Sie sind angeblich vor sehr langer Zeit von
anderen Planeten auf die Erde gekommen, weil ihnen dort das
Aussterben drohte. Ihr genetisches Material war erschöpft,
doch es ist ihnen gelungen zu überleben, indem sie sich mit
Menschen „gekreuzt" und menschliches genetisches Material
mit dem eigenen vermischt haben. So ist die neue Rasse dieser
Menschen ähnlichen Reptilien entstanden, die die Absicht hat,
die Menschen zu unterjochen und sie fürs eigene Überleben zu
benutzen. Der bekannteste Vertreter solcher Hypothesen und
solchen Glaubens ist David Icke, ehemaliger Fernsehreporter
und Mediensprecher der englischen Partei der Grünen (British
Green Party). Seit 1990 befasst er sich mit Forschungen darüber, wer tatsächlich die Welt kontrolliert und schreibt: das sind
die Reptilmenschen. In seinem Buch „The Biggest Secret: The
Buck that Will Change the World" behauptet er, dass sie meistens in unterirdischen Tunneln leben, aber ganz das Aussehen
eines Menschen annehmen können und einige, die das getan
haben, regieren die Welt. Bei Michale Mourer kann man lesen,
dass diese Wesen organisiert sind, dass es eine Hierarchie bei
ihnen gibt, dass die Niedrigsten von ihnen an Menschen haften
und dort schlafen, bis ihre Führung, die in der Unterwelt lebt,
sie weckt, um den Mensch zu versklaven.

Als ich Anfang des Jahres 2009 eine Indienreise unternahm, besichtigten wir auch die Sehenswürdigkeiten in Mahabalipuram in Südindien. Wir standen gerade vor dem zweitgrößten Relief der Welt (das größte befindet sich in Kambodscha), das vor mehr als 3000 Jahren in den Felsen eingehauen wurde, als ich sie entdeckte: Reptilienmenschen. Ich staunte nicht wenig, als ich dort das Wesen, halb Reptil (Unterteil des Körpers) halb Mensch (Oberteil des Körpers und Kopf) bemerkte. Unser Reiseführer erklärte uns, dass auf diesem Relief die ganze Geschichte des Menschengeschlechtes abgebildet sei, und dass diese Reptilienmenschen die erste Rasse war, die auf der Erde lebte. Danach überlegte ich, ob vielleicht das Wesen, das wir damals gesehen haben, doch eventuell ein astrales Überbleibsel dieser Rasse war, das sich in dem Haus angesiedelt hatte? Oder war es eins von den Reptilmenschen des höheren Niveaus, von welchen David Icke schrieb? Ich muss ehrlich sein, ich weiß nicht genau was oder wer es war, was wir dort im Keller des Hauses gesehen haben. Ich kann nur raten und Hypothesen aufstellen.

Im Zusammenhang mit diesem Erlebnis, bei dem das wahrgenommene Wesen keine richtige menschliche Gestalt hatte, erzählte mir meine Assistentin ein anderes Ereignis, bei dem sie ein verwunderliches Fabelwesen sah. Sie schlief im Schlafzimmer, als sie von einem Geräusch wach wurde. Sie schaute auf die Uhr. Es war gegen 1:30 Uhr morgens früh. Das Geräusch wiederholte sich. Es kam ihr so vor, als ob jemand in der Diele schreitet. Sie stand auf, ging zur Zimmertür und öffnete diese um einen Spalt. Es war eine helle Nacht. Sie hat nirgends die Jalousien herunter gezogen, so dass alles im Zimmer und in der Diele gut sichtbar war. Also, als sie die Tür einen spaltbreit öffnete, sah sie dort ein Wesen. Es hatte Tierfüße, die mit Hufen statt mit Zehen endeten. Es ging aufrecht, hatte den Körper eines Menschen aber der Kopf eines Esels. Das Wesen bemerkte sie, drehte den Kopf zu ihr und ihre Blicke trafen sich. Sie erschrak bis ins Knochenmark. In dem Moment löste sich das Wesen auf und verschwand aus ihrem Blickfeld. Sie machte das Licht an, suchte nach Spuren, die das Wesen hinterlassen haben könnte, aber sie fand keine. Das war offensichtlich ein Astralwesen, das zu den von Menschen erschaffenen Elementalen gehörte.

Zwischenwelt und Jenseits

Der Mensch ist es gewohnt, über das Leben und den Tod zu sprechen als zwei gegensätzliche Pole eines Kontinuums, welches er „sein Leben" nennt. Dabei ist für ihn die Geburt, das Ankommen in diese grobstoffliche Realität und das Verweilen in ihr, gleichzustellen mit dem Leben. Der Tod bedeutet für ihn die Trennung von seinen Lieben, endgültiges Verlassen dieser Realität, Aufhören zu bestehen. Das ist aber nur eine oberflächliche Betrachtungsweise, in der man nur das menschliche Dasein in diesem Teil der Wirklichkeit beobachtet, ohne auf das ganze Sein als solches zu achten, das sich viel länger durchzieht, als nur von einem Ankommen bis zum Verlassen dieser Welt. Wollen wir unser ganzes Sein in Betracht ziehen, müssen wir feststellen, dass unser Leben ein ständiges Kommen und Gehen ist und dass es gar keinen Tod gibt. Das ist nur ein sich oft wiederholender, natürlicher Vorgang, nur ein Übergang, kein Ende. Dem zufolge gibt es nur Geburt. Immer wieder nur Geburt. Der Mensch wird aus einer Dimension, wo er sich für seine menschliche bzw. grobkörperliche Inkarnation vorbereitet, in eine andere Dimension, diese grobstoffliche, geboren. Er bekommt einen festen Körper, der ihm hilft, in dieser Dimension Erfahrungen zu sammeln. Wenn er seine, für diese Inkarnation vorgesehenen, Ziele erreicht hat, legt er seinen grobstofflichen Körper ab und wird erneut in einer anderen Dimension, in der feinstofflichen, geistigen Welt, geboren. Es folgt immer wieder eine Geburt nach der anderen, mal in einer feinstofflichen, geistigen, mal in einer grobstofflichen Realität und bei jeder Geburt (es ist besser statt „Geburt" „Übergang" zu sagen) gehört der Mensch einige Augenblicke zu beiden Welten.

Viele Menschen haben Angst vor dem Verlassen des physischen Körpers und verbinden das mit Leid und Schmerz, was eigentlich nicht stimmt. Schmerzen gehören zum Krankheitsbild eines geschwächten, kranken Körpers und nicht zum Verlassen des Körpers. Der Mensch, der an einer schrecklichen Krankheit leidet, erlebt unendliche Qualen während sich die, von der Krankheit betroffene, Organe nach und nach zersetzen. Schmerz ist eine physische Erfahrung, die mit dem physischen Körper verbunden ist. Wenn es zum Tod kommt, gibt es keine Schmerzen mehr, denn es gibt keinen grobstofflichen Körper mehr, sondern im geistigen Körper stellt sich das Gefühl der Freiheit, des Friedens und Glücks ein. Viel eher sind Schmerzen mit dem Leben verbunden, oder wenn man es genau nennen soll, mit der Geburt. Beim Ankommen in diese Welt leidet das Kind viel mehr, als der Mensch in dem Augenblick zu leiden hat, in dem er seinen ausgedienten Körper verlässt. Der kleine Körper wird seiner geschützten Umgebung entrissen, kommt in eine grelle, überlaute Welt, wird eventuell sofort geschlagen, oder sogar mit einer Stahlzange aus dem Mutterleib herausgezogen. Über die Frühgeburten oder die Geburten durch Kaiserschnitt brauchen wir gar nicht zu reden. Alles ist mit Gewalt, Schmerz und Leid für das kleine Wesen verbunden. Und die so gefürchtete Trennung, die beim Verlassen dieser Welt vorkommt, ist auch da, vielleicht noch heftiger und schmerzhafter empfunden als beim Sterben. Außerdem, ein entwickelter Geist ist gezwungen zusammenzuschrumpfen und sich in ein winziges Körperchen zu quetschen. Das ist auch sehr unangenehm und gewöhnungsbedürftig, denn der Geist kann diesen Körper nicht richtig benutzen, so lange er nicht gut entwickelt ist. Deshalb, meiner Meinung nach, weinen auch die kleinen Babys so viel und so oft ohne erkennbaren Grund. Wenn aber der Mensch sein Vehikel in dieser Inkarnation, seinen physischen Körper, verlässt, ist das mit angenehmen Gefühlen der Freiheit verbunden. Diejenigen, die in der Meditation eingeübt sind und die verschiedene spirituelle Erfahrungen gemacht haben, besonders aber wenn sie das bewusste Verlassen des Körpers – Astralprojektionen - geübt haben, „sterben" immer, bei jeder Übung, aufs Neue. Sie wissen, wie sich das Verlassen des Körpers anfühlt, und sie wissen, dass es, gefühlsmäßig, keinen Unterschied gibt zwischen bewusst vorgenommenen Astralreisen und dem endgültigen Verlassen des Körpers.

Die okkulte, hermetische und theosophische Lehre, wie auch die indische Philosophie, unterscheidet sieben Daseinspläne, sieben Weltebenen, die auch den sieben menschlichen Körpern entsprechen. Durch diese Ebenen vollzieht sich die menschliche wie auch die Weltentwicklung und sie unterscheiden sich auf Grund ihrer Schwingungsfrequenzen.
Nennen wir als erste Ebene die dichteste und gröbste, also den physischen Plan oder die Welt der Materie. Dieser Plan umfasst:
Stula Sharira – Erdkräfte
Linga Sharira – Mondkräfte
Prana Sharira – Sonnenkraft
Die zweite Ebene ist die Astralebene, sie umfasst:
Marskräfte und
die Erscheinungsformen sämtlicher Wunsch-, Sinnes- und Vorstellungskräfte.
Die dritte Ebene ist die Mentalebene und sie enthält:
sämtliche seelischen, intellektuellen und geistigen Kräfte.
Kama Manas - Merkurkräfte
Arupa - Venuskräfte

In der vierten Ebene, der Kausalebene, manifestieren sich Saturnkräfte. Das ist auch die Welt der Ursachen und Urideen und in ihr ist die so genannte Akasha-Chronik.

Die fünfte Ebene, die Buddhiebene umfasst die Jupiterkräfte und ist die höchste erreichbare Entwicklungsstufe des menschlichen Egos.

Die weiteren zwei Ebenen sind nicht mehr im Daseinsplan der Erde verankert. Diese Ebenen stellen als atmanische Ebene (Nirvana) und parnirvanische Ebene Kontaktverbindungen mit höheren geistigen Welten oder kosmischen Schwingungen dar. Sie wirken aber befruchtend auf alle niederen Ebenen und somit auch auf den Menschen.

Die Entfaltung der feinstofflichen Schwingungskörper der Menschen erstreckt sich auf fünf niederen Plänen und jedem Menschen steht es frei, sich für die bewusste Entwicklung zu entscheiden.

Schauen wir die Astralebene genauer an, weil diese eben für unser Befassen mit dem Tod und den Ereignissen nach dem Verlassen des physischen Körpers von Bedeutung ist. Diese Ebene ist der Aufenthaltsort einer Unzahl verschiedener feinstofflicher Wesen. Auch diese Ebene kann in sieben bzw. acht Schwingungszustände eingeteilt werden. Farblich ist ihre Schwingung die Schwingung eines satten dunklen Rots, das sich in höheren Schichten verfeinert und heller wird. In den obersten Schichten nimmt sie eine blaurote Farbe an.

In der höchsten, subtilsten Schicht, nennen wir sie die erste Schicht, befinden sich die Wesenheiten, die in ihrer Evolution so weit sind, dass sie bereit sind, in die Mentalebene überzugehen.

In der zweiten und dritten Astralschicht (von oben nach unten oder tiefer gesehen) halten sich Verstorbene auf, deren Ableben auf natürliche Weise erfolgte.

In der vierten Schicht sind die Wesen, die Opfer von Unglücksfällen, die Gefallenen im Krieg und die Toten der großen Seuchen und Krankheiten sind.

Die fünfte Schicht ist der Aufenthaltsort der Selbstmörder so wie einer Reihe von astralen Ballungen, die als Schatten, Larven, Gespenster usw. bezeichnet sind. Die Schatten sind zurückgelassene Astralleiber, die die Seele bei ihrem Aufsteigen in die höheren Daseinspläne hier zurück lässt. Sie schwingen auf dieser Ebene eine kurze Zeit weiter, bis der letzte Rest der astralen Substanz aufgezehrt ist. Die Larven sind Astralkörper ohne die geringste Spur von Lebenskraft. Sie sind also völlig leblos, können aber durch magische Kräfte belebt werden. Aus diesem Grund werden sie von den Astraldämonen als Erscheinungsformen benutzt und können viel Unheil stiften. Ihre Vorliebe ist es, bei spiritistischen Experimenten zu erscheinen.

Gespenster sind zahlreich auftretende Erscheinungen der Spukhäuser und Friedhöfe. Sie sind noch mit einem toten Körper verbunden und vergehen erst nach und nach mit der Zersetzung und Auflösung des Körpers.

In den tiefsten Schichten, den sechsten und siebten, schwingen die reinsten Astraldämonen. Diese Schichten werden durch die achte ergänzt, in der sich astrale Vampire und Werwölfe, die als Überreste von früheren primitiven Menschenrassen gelten, aufhalten.

Mysterium des Todes, Hüter der Schwelle

Nun, was genau geschieht beim Sterben? Eine für alle gültige und zutreffende Antwort ist sehr schwer zu geben, denn die Erfahrung des Sterbens ist genauso individuell und für jeden Einzelnen verschieden wie es auch die Erfahrung des Lebens ist. Natürlich gibt es einige Merkmale, die sich bei jedem Menschen wiederholen und die wir versuchen werden

SOLE

hier aufzuzählen. Diese Merkmale sind in den verschiedenen Schriften (Bücher) angegeben wie z.B. im Tibetischen oder Ägyptischen Totenbuch, die das Mysterium des Sterbens aus okkulter Sicht darstellen. Was der Tod aus medizinischer Sicht bedeutet, ist heute jedem geläufig und klar. Wir alle wissen wie ein physischer Körper reagiert, wenn die Seele bzw. die Lebenskraft dabei ist, den Körper zu verlassen. Der Atem setzt öfter aus, bis sich Atemnot einstellt. Der Puls ist sehr schwach oder überhaupt nicht mehr zu fühlen und Schweiß tritt auf die Stirn der Sterbenden. Von den Füßen tritt eine herauf steigende Kälte ein, die der Sterbende am Anfang fühlt, dann aber ihr gegenüber unempfindlich wird. Das Auge bricht, die Pupillen weiten sich, der Atem steht still, das Herz hört auf zu schlagen. Der Körper gibt sich meist noch einen kleinen Ruck und dann bleibt er regungslos, verliert seine Farbe, wird fahl und die Haut wachsartig. Nach fünf bis sechs Stunden treten die blauen Flecken, Totenflecken genannt, auf.

Kein Mensch weiß genau, was ein Sterbender erlebt, und was und wie lange er etwas fühlt und empfindet. Das was man als okkulte Feststellungen betrachten kann, kennt man aus den Berichten der Sterbenden, die in das Leben zurückgekehrt sind, die so genannte Nahtoderlebnisse hatten, wie auch von den Hellsehern und Medien, die Kontakt mit dem Jenseits und den Verstorbenen aufgenommen haben und welche uns dann von ihren Erfahrungen berichteten. Und selbstverständlich aus den okkulten Schriften, die sich mit dem Tod als Übergang in eine andere Dimension befassen. Sie erklären, dass der Tod durch die Trennung der astral- und mental Matrize von dem physischen Körper geschieht. So beschreibt Franz Bardon den Vorgang des Todes in seinem Buch „Der Weg zum wahren Adepten" (Rüggeberg Verlag 2001) auf Seite 311 wie folgt:
„Das, was üblich als das Sterben bezeichnet wird, ist derselbe

Vorgang, (bezieht sich auf Astralprojektion- meine Bemerkung) nur mit dem Unterschied, dass die Matrize zwischen dem stofflichen und dem Astralkörper zerstört wird. In einem Fall, wo es um das normale Sterben geht und die Astralmatrize zwischen dem grobstofflichen und Astralkörper durch Krankheit oder durch eine andere Ursache gerissen ist, hat der Astralkörper mit dem Mentalkörper zusammen im physischen Körper keinen Halt mehr und tritt automatisch, ob gewollt oder ungewollt, aus diesem heraus. Dieser Vorgang verlegt das Atmen in den Astralkörper, ohne dass man sich dessen im Astralleib bewusst wird. Darin ist die Erklärung zu suchen, dass verstorbene Wesen anfänglich keinen Unterschied zwischen dem grobmateriellen und Astralkörper fühlen. Erst allmählich werden sie sich dessen bewusst, wenn sie sehen, dass der grobmaterielle Körper für sie unbrauchbar geworden ist und der Astralkörper anderen Gesetzen (des Akashaprinzipes) unterliegt."

Kurz gesagt, der Tod ist nur das Auflösen der Bande, die die vier Teile aus denen wir bestehen, (den grobstofflichen, den Äther-, den astralen – und den mentalen Körper), zusammen halten. Zusammengefasst können wir aus allen Schilderungen des Sterbevorgangs Folgendes sagen: der Mensch erlebt beim Sterben drei Zustände. Zuerst eine Verdunkelungsperiode, wo dämonische Gestalten in den Gesichtkreis den Sterbenden treten. Danach stellt sich der Zustand der völligen Einsamkeit und Öde ein, bei der die Person noch einmal ihr Leben vor dem inneren Auge ablaufen sieht. Zum Schluss kann das Brechen des Auges und die Verklärung des Antlitzes beobachtet werden und zwar bei ethisch hoch stehenden Personen. Bei den Menschen, die ihr Leben den niederen Trieben, Genüssen und Leidenschaften geopfert haben, kommt es nicht zu dieser Verklärung. Die gewissens- belasteten Menschen verspüren sehr stark die niederen dämonischen Astralerscheinungen. Die Verstorbenen verbleiben noch einige Zeit (kürzer oder sogar länger) in der

Nähe ihres toten Körpers, bei ihren Angehörigen, wie auch in der bekannten Umgebung. Erst nach und nach werden sie sich ihres Todes bewusst und sind in der Lage, sich von ihrer Umgebung zu lösen.

Der Tod kann, genau so wie die Geburt, auf ganz unterschiedliche Weise eintreten. Er kann langsam und unmerklich erfolgen, wobei sich die Lebenskraft langsam zurückzieht. Dadurch wird das Band, die so genannte Silberschnur, das den physischen und Astralkörper verbindet, immer schwächer, bis es endlich zerreißt. Meistens kommt es zu dieser Art des Sterbens bei chronisch kranken Menschen. Die Erfahrungen solcher Menschen, die lange sterben, finden meistens durch ihre Träume statt. Sie träumen von der Beendigung ihrer Arbeit, egal ob es sich um ihren Beruf oder ihr Hobby handelt. Oder sie träumen von Reisen, wobei sie die Grenze überschreiten. Auf eine Art sind das Ankündigungen der bevorstehenden Reise in die andere Dimension. Der Tod kann aber plötzlich und unerwartet eintreten z.B. bei einem Unfall, durch Gewalt oder Naturkatastrophen, wobei die Silberschnur mit Gewalt zerreißt und die Seele buchstäblich aus dem Körper herauskatapultiert wird. Oft kann sich der Mensch, der auf diese Weise gestorben ist, nicht in der geistigen Welt zurechtfinden und vor allem, oft begreift er nicht was mit ihm passiert ist, und dass er tot ist. Für ihn hat sich nichts geändert und doch ist alles verändert. Er hat auch weiterhin das Bewusstsein von sich selbst, empfindet seine Gefühle, benutzt seine Sinne und fühlt sich absolut lebendig. Spontan stellt er fest, dass er außerhalb seines Körpers ist, über ihm schwebt und diesen beobachtet. Ein Problem entsteht erst dann, wenn er versucht, sich bemerkbar zu machen und feststellt, dass die Menschen um ihn herum ihn gar nicht wahrnehmen, dass sie ihn nicht sehen und nicht hören können, obwohl er selbst alles was gesagt, getan oder gedacht wird mitbekommt. Aber um ihn herum sind die Wesen der geistigen Ebene, die ihm begreiflich machen, dass er seinen physischen Körper verlassen hat bzw. dass er gestorben ist und ihm behilflich sind, sich auf dieser Ebene zurecht zu finden und weiter zu gehen.

Kommt es langsam zum Entschwinden der Lebenskraft, meistens bei alten Menschen, können sich Gemütszustände einstellen, in welchen es schon zu einer Verbindung mit der Astralwelt kommt und der Mensch kann seine verstorbenen Angehörigen sehen und mit ihnen kommunizieren. So eine Erfahrung habe ich mit meinem Vater gemacht. Er war 83 Jahre alt als er starb. Ich lebte auch damals wie heute noch, nicht im Land meiner Geburt, sondern hier in Deutschland. Mein Vater lebte mit meinem Bruder im gleichen Haushalt. Als ich wieder einmal meinen Bruder anrief, um unter anderem auch zu erfahren wie es unserem Vater geht, hat er mir erzählt, dass er gehört hat, wie unser Vater laut mit seinem längst verstorbenen Vater sprach. Als mein Bruder ihn deshalb ansprach, sagte er, dass sein Vater (unser Großvater) gekommen sei, um mit ihm einiges zu besprechen. Ich wusste was dies bedeutet! Ich sagte meinem Bruder, dass uns unser Vater sehr bald verlassen wird und dass er dieses Ereignis psychisch wie auch physisch vorbereitet, erwarten soll. Tatsächlich, nach zwei Tagen rief mich mein Bruder an, um mir mitzuteilen, dass unser Vater einen Schlaganfall erlitten hat. Ich habe mich sofort in den ersten Zug, der in diese Richtung fuhr, gesetzt. In der Nacht (in dem Zug) habe ich meinen Vater für kurze Augenblicke mir gegenüber gesehen und ich wusste genau, dass er eben gerade diese Realität verlassen hat. Als ich in unserer Stadt ankam, warteten auf dem Bahnhof statt meines Bruders meine besten Freunde, um mir diese Nachricht zu überbringen. Genau in dem Augenblick, als ich ihn im Zug mir gegenüber sitzend sah, ist er gestorben.

Andererseits, manche Menschen ahnen oder wissen, dass sie bald hinüber gehen und dass sie nicht allein sein werden und können ruhig und getröstet dem Tod entgegensehen. Es gibt bestimmt manchen Leser/Leserin der mit eigenen Angehörigen ähnliche Erfahrungen gemacht hat wie ich mit meinem Großvater.

Als mein Großvater starb, war ich achtzehn Jahre alt. Nach so vielen Jahren, die seit damals verstrichen sind, erinnere ich mich noch heute an alles was damals geschah. Jede Einzelheit ist so klar und deutlich in meiner Erinnerung, als ob es gestern passiert wäre. Es war das erste Mal in meinem Leben, das ich mich mit dem Abschied, welchen der Tod mit sich bringt, bewusst auseinander setzen musste. Ich liebte meinen Großvater sehr. Obwohl er damals bereits siebenundsiebzig Jahre zählte, erfreute er sich guter Gesundheit und eines klaren Verstandes. Wir lebten im Vorort einer großen Stadt. Meine Eltern, mein Bruder, ich und unser Opa, der Vater unseres Vaters. Das Haus hatte mein Großvater selbst gebaut als er noch jung war und seine Familie gründete. Um das Haus war ein großer Hof und Garten. Wir hatten Hühner und Schweine, Hunde und Katzen, manchmal auch Gänse oder Enten. Mein Bruder und ich hatten dort eine glückliche Kindheit.

Es geschah an einem herrlichen Tag im Mai. Die Sonne näherte sich ihrem Untergang, als mein Großvater meinen Vater zu sich rief. Er wollte mit ihm zusammen zuerst in den Garten gehen. Ich saß unter dem Fliederbusch und las in meinem Buch, als sie an mir vorbei kamen. So hörte ich den Großvater sprechen und meinem Vater Ratschläge erteilen, was er im nächsten Frühling an welchem Ort säen sollte, welchen Kirschbaum er im Herbst verpflanzen sollte, und wo er sich vorstelle einen jungen Nussbaum zu pflanzen. Langsam spazierten sie zum Schweinestall und Großvater zeigte meinem Vater, welche von den Ferkeln er zur Zuchtsau wachsen lassen sollte, welche Schweine er in diesem Winter schlachten und welche er verkaufen sollte. Ich wurde auf sein Verhalten aufmerksam.

So hat er sich noch nie benommen. Es war aber höchst merkwürdig, als er noch wünschte, mit meinem Vater draußen, vor dem Haus, auf der Straße spazieren zu gehen. Er ging mit ihm zum Nachbarn links, dann auch rechts von uns, sprach kurz mit ihnen und verabschiedete sich dann. Anschließend bat er meinen Vater, ihn zu seinem Jugendfreund zu begleiten. Die beiden sind zusammen durch dick und dünn gegangen und waren die besten Freunde von Jugend an. Von ihm hat er sich ausdrücklich verabschiedet wie noch nie zuvor. Sein Benehmen war für uns alle sonderbar, aber keiner konnte irgendeine nachvollziehbare Erklärung finden. Jeden Abend wenn er zu Bett ging, verabschiedete mein Großvater sich von uns mit einem allgemeinen Gute Nacht Gruß und mit Wünschen für eine angenehme und erholsame Nacht. An diesem Abend ging er von einem zum anderen und verabschiedete sich von jedem von uns einzeln. Mich küsste er auf die Stirn, drückte mich an sich und flüsterte leise: „Ich weiß, du wirst eine gute Tochter und Schwester wie auch Mutter sein." Zu meinem Bruder sagte er, er solle darauf achten, dass dieses Haus für alle Nachkommen stets offen und einladend bleibt, egal auf welchem Teil der Erde sie einmal leben würden. Wir alle waren überrascht, aber ehrlich gesagt, in dem Augenblick habe ich mir keine Gedanken darüber gemacht. Meine Eltern haben vielleicht etwas geahnt, gesagt haben sie jedenfalls nichts.

Meine Mutter war immer als erste auf den Beinen. Wenn das Feuer im Herd brannte, setzte sie den Kaffee auf und weckte den Vater. Sobald der Kaffee fertig war, kam auch schon der Großvater, um mit ihnen zusammen den ersten Kaffee zu trinken. An diesem Morgen warteten meine Mutter und mein Vater vergebens auf den Großvater. Er kam nicht. Ich war auch schon wach, denn ich musste an dem Tag früh zur Uni gehen. Meine Eltern tauschten besorgt einen Blick aus, so dass es mich, als ich es bemerkte, schauderte. Mein Vater ging in das Zimmer des Großvaters. Er fand den Großvater auf seinem Bett liegend und für immer friedlich schlafend.

Das Ganze hat mir immer wieder zu denken gegeben, so dass ich auch damals zu dem Schluss kam: mein Großvater hatte nicht geahnt, sondern gewusst, dass er sterben wird. Nur deswegen hat er sich von allen und jedem verabschiedet. Heute weiß ich, dass der Mensch spüren kann, wann seine Zeit zum Gehen gekommen ist.

Das sind meine Erfahrungen, wie ich schon sagte, aber ich muss betonen, dass in der Literatur viele solche und ähnliche Fälle beschrieben sind. So wusste der okkulte Schriftsteller Gustav Meyrink am Abend vorher, dass er sterben müsse und nahm Abschied genau wie mein Großvater es getan hat. Oder Goethes Mutter, sie wusste auch genau ihren Todestag, ordnete selbst noch alles an, ließ Kuchen backen und den Sarg bestellen. Auch Swedenborg sagte lange Zeit Tag und Stunde seines Todes voraus und nicht nur diese Menschen die ich hier aufgezählt habe.

Es gibt aber Menschen, die von dieser Realität nicht los lassen können, die sich an das irdische Leben klammern bis zum letzten Augenblick. Für sie ist eben die Trennung von den irdischen Gütern schwer zu ertragen und nicht der Tod als solcher. Diese Seelen bleiben dann einige Zeitlang in der Zwischenwelt, in der Nähe der Erde und versuchen immer wieder ihre Leidenschaften, Wünsche und Begierden auszuleben. Sie sind unruhig und manchmal wandern sie ziellos umher, immer auf der Suche z.B. nach ihren irdischen Gütern. Sie versuchen verzweifelt ihre Besitztümer festzuhalten, was ihnen nicht gelingt und nur zu weiteren Leiden führt. Oder sie erleben immer wieder die Situation, die zu ihrem physischen Tod geführt hatte und weigern sich zu erkennen, dass sie gestorben sind. Alle Geschichten von Geistern und Spuk- Erscheinungen beruhen darauf. Diese armen Seelen erkennen nicht, dass sie tot sind, nehmen ihren Weg ins Jenseits und in das Licht nicht wahr, sondern bleiben in dem Augenblick ihres Todes gefangen und erleben ihn immer wieder. Oder sie bleiben in den Fallen ihrer Begierden und Leidenschaften gefangen und erst nach und nach, wenn sie zur Einsicht kommen, dass diese Leidenschaften nur ihre Fesseln sind, und wenn sie versuchen sie abzulegen, können sie ihren Weg in die höheren lichteren Sphären betreten. Wie lange diese Zeitspanne, nach unseren Maßstäben gemessen, dauert, ist unmöglich zu sagen, denn, wie schon gesagt, auf der feinstofflichen Ebene gibt es keine Zeit in dem Sinne wie wir sie verstehen. Es kann einige Stunden, Tage, Monate aber auch Jahrhunderte andauern. In jedem Fall, die Seele bleibt in diesem Zustand und auf dieser Ebene als ein „gequälter Geist" so lange, bis sie sich von der physischen Welt und den eigenen Leidenschaften und Begierden abwendet, sie überwindet, von ihnen gereinigt wird, den eigenen Tod anerkennt und sich dem Licht zuwendet. Diese Seelen sind so genannte erdgebundene Seelen. Handelt es sich um eine solche Seele, ist es möglich, sie auf der Erdebene als einen Geist wahrzunehmen und seine Anwesenheit wenn nicht flüchtig zu sehen, dann doch zu spüren.

In einem Fall bekam ich auch tatsächlich einen Geist zu spüren. Damit meine ich nicht subtil wahrzunehmen, ich wurde von ihm körperlich angefasst! Wollen Sie wissen wie das passiert ist? Meine beste Freundin hat vor ein paar Jahren ein neues Haus erworben und ist dort mit ihrem Ehemann und ihrer Tochter eingezogen. Sie feierten gerade den Geburtstag der Tochter und ich wurde als Märchenerzählerin eingeladen, um den Kindern ein Puppenspiel vorzutragen. Ich baute meine Puppenbühne im Wohnzimmer auf, gab meine Vorführung und schickte die Kinder in den Garten, um nach dem versteckten Drachen und der Schatztruhe zu suchen. Während sie damit beschäftigt waren, setzte ich mich hin, um mich ein wenig auszuruhen. Automatisch schloss ich die Augen und versank in eine leichte Meditation. Das pflegte ich öfters zu tun, wenn ich mich mit neuer Energie auftanken wollte. In diesen paar Minuten geschah es. Auf einmal schreckte ich auf mit leisem Aufstöhnen. Jemand hat mich von hinten an die Schultern gepackt und feste zugedrückt. Ich aber habe keinen kommen hören oder sonst etwas anderes wahrgenommen. Es war wirklich ein fester Griff und ich spürte ihn immer noch schmerzhaft an meinen Schultern. Im selben Augenblick trat meine Freundin in den Raum, erlebte meinen Aufschrei und fragte was passiert sei. Ich konnte nur sagen: „Jemand oder etwas hat mich so fest angefasst, dass es mir immer noch weh tut". „Du bist sehr angespannt", sagte sie, kam hinter mir her und fing an, meine Schultern leicht zu massieren. Ihre Massage brachte nichts und sie hörte damit auf. Der Druck aber ließ von selbst nach. Ich fühlte mich wieder gut aber ich musste darüber nachdenken, was so eben geschehen war. Es war keine Einbildung. Jemand hat mich umarmt und feste gedrückt. Aber wer? Oder was? Und warum? Ich wollte meine Freundin nicht beunruhigen und nach Geistern fragen aber so ein unbestimmtes Gefühl, dass es ein Geist sein könnte, hatte ich schon. Nur wer und warum? Außer dass es für mich überraschend kam, war es nicht böse gemeint. Das habe ich genau empfunden. Es war ein Druck der Dankbarkeit und Bestätigung: es ist alles gut. Als ich mich in der Nacht schlafen legte, programmierte ich mich, davon zu träumen und genau zu erfahren, was sich an dem Nachmittag zugetragen hat. Und ich träumte. In meinem Traum sah ich eine durchsichtige Gestalt sich formen, einen Geist. Ich fragte ihn wer er ist und bekam auf eine besondere Art die Antwort. Der Geist hätte das einfach tun können, indem er sich mir telepatisch mitteilte, aber er veranstaltete ein kleines Kunstwerk. Ich beobachtete, wie sich aus Nichts ein kleines Zettelchen formte.

46

Wie in den Filmen von Harry Potter fingen sich dort die goldenen Buchstaben an zu zeigen und formten einen Namen. Ich las ihn. Nennen wir ihn jetzt „Herr Mustermann." Die Art wie er sich mir mitgeteilt hat, passte genau in den Rahmen dessen, was sich am Tag zuvor zugetragen hatte. Märchenerzählen, unsichtbare Umarmung, ein gutes Gefühl der Dankbarkeit und Abschied. Am nächsten Morgen rief ich sofort meine Freundin an und erzählte ihr alles. Dann fragte ich sie, ob ihr der Name „Mustermann" etwas sagt. Sie kannte diesen Namen. So hieß der Mann, der das Haus in dem sie jetzt wohnte gebaut hat und der in diesem Haus an einer unheilbaren Krankheit relativ jung gestorben ist. Sie wusste auch mehr. Der Mann hat sehr an dem Haus gehangen, beziehungsweise das Haus lag ihm am Herzen. Er liebte es und versuchte auf alle möglichen Arten zu sichern, dass das Haus nach seinem Ableben in dem Besitz seiner Familie bleibt. Er hatte Angst, dass sich ein anderer, wenn er das Haus bekäme, sich nicht so liebevoll um es kümmern würde, wie er es getan hat. Leider musste das Haus nach seinem Tod verkauft werden. Er blieb erdgebunden, um zu sehen, was jetzt mit dem Haus geschehen wird. Meine Freundin und ihr Ehemann liebten das Haus auch. Sie pflegen und verbesserten es. An dem Tag als die Geburtstagsparty stattfand, wurde das Haus mit Leben, Glück, Liebe und Freude erfüllt. Und wenn „Herr Mustermann" bis dahin über das Haus wachte und besorgt schaute was dort passiert, wusste er spätestes jetzt, dass alles in bester Ordnung ist und er unbesorgt weiter in das Licht gehen kann. Seine Umarmung war tatsächlich sein Abschied. Und dass ich mir das alles nicht ausgedacht habe, bezeugten zwei blaue Flecken, wie zwei Fingerabdrücke, an meinen Schultern, die sich am nächsten Tag in voller „Blüte" zeigten.

Die erdgebundenen Seelen, die aufgrund ihrer Leidenschaften und Begierden erdgebunden bleiben, halten sich gerne an Orten auf wo sich viele Menschen befinden, weil dort viel

Energie vorhanden ist, welche sie nutzen können. Besonders gerne verweilen sie in Bars, Clubs, Restaurants und Kneipen, eben dort wo reichlich Alkohol konsumiert wird. Es ist ihnen ein Leichtes, sich an einen betrunkenen Menschen heranzumachen. Solche Menschen sind besonders empfänglich dafür, einen Geist einzufangen, weil Alkohol ihre Aura schwächt und öffnet, so dass jedes Wesen, Geist oder andere Wesenheit, in die Aura vordringen kann. Betrunkene Menschen sind, Geistern gegenüber, ungeschützt und ihnen so völlig ausgeliefert. Aber nicht nur betrunkene Menschen werden das Ziel der Geister, die nach einem Energielieferanten suchen. Auch die Orte, an denen viele Emotionen wie Angst, Furcht oder Sorgen vorhanden sind, ziehen die erdgebundenen Geister an. Sie nähren sich von diesen Gefühlen, bedienen sich dieser, um die eigene Energie zu stärken. So sind bestimmt verschiedene Geister in Zahnarztpraxen, Gerichtssälen oder Krankenhäusern zu treffen. Sie suchen diese Orte wegen der geballten Angstenergie, die dort herrscht, auf. Besonders sind Krankenhäuser voll von Geistern und zwar beider Arten, von erdgebundenen wie auch von denen, die in das Licht gestiegen sind. Die erdgebundenen Geister sind dort, um sich der Energie, die Sorgen und Ängste (besonders Angst vor dem Tod) liefern, zu bedienen. Die anderen sind aber dort zugegen, um einem Angehörigen beim Übergang auf die andere Existenzebene beizustehen. Da sind auch die Geister der kürzlich Verstorbenen vorzufinden, die gar nicht so recht wissen was mit ihnen geschehen ist und wo sie sich befinden. Also, an solche Orte soll man erst gehen, nachdem man seine eigene Aura gestärkt und geschützt hat. Die Geister sind wirklich überall unter uns. Im Theater, auf dem Schiff oder an Bord des Flugzeugs, sie stehen stets ihren Angehörigen zur Seite, egal ob sie unter Flugängsten leiden, oder einen Schauspieler glühend verehren so dass sie ihn zu seiner Vorstellung ins Theater begleiten.

Die Spuk- Erscheinungen sind nicht „Entdeckung" unserer Zeit und das Sehen von Geistern geschieht nicht nur heute. Es ist nicht die Folge moderner Beschäftigung mit den übersinnlichen Phänomenen. Die Geschichte ist voll von Zeugenaussagen vertrauenswürdiger Menschen, die geisterhafte Erscheinungen gesehen haben. Bekannt wurde der Fall „Willington Mill" bei Newcastle-upon-Tyne in England. Die Spukmühle gehörte einem Industriellen namens Joshua Proctor. Das Anwesen war erst 40 Jahre alt, als er 1840 da einzog. Damit entsprach das Gebäude nicht dem Klischee eines Hauses, das von seinem vorherigen Besitzer bespukt wird. Auch Joshua Proctor war glaubwürdig. Er war ein sehr gläubiger Quäker und gottesfürchtiger Christ, der an Geister nicht glaubte. Gerne stellte er sein Anwesen einem Team von Forschern übersinnlicher Phänomene zu Verfügung, welchem er von den Geistererscheinungen erzählte und die vorhatten, sie genau zu prüfen. Es waren alles Skeptiker wie er selbst und so trafen sich am 3. Juli 1840 um 23 Uhr drei von ihnen: Mr. Proctor, Dr. Edward Drury und Mr. Hadson im Gang vor dem bespukten Raum, um Wache zu halten. Um Mitternacht hörten sie, wie jemand barfuss im Raum über den Boden ging. Danach folgten Klopfgeräusche wie auch hüsteln und rascheln. Um 0:45 nahm Dr. Drury an, dass der Spuk vorbei wäre und wollte schlafen gehen. Mr. Hadson sollte auf dem Treppenabsatz bleiben und weiter beobachten. Nur bevor er seine Absicht aussprechen konnte, geschah etwas, was aus einem Skeptiker jemanden machte, der von der Existenz des Übersinnlichen fest überzeugt war. Er sah, wie die Tür zu dem Abstellraum aufschwang und eine weibliche Gestalt im grauen Kleid erschien. Sie hatte den Kopf nach vorne geneigt und presste mit der Hand ihre Brust, als ob sie starke Schmerzen hätte. Die Erscheinung schwebte auf Mr. Hadson zu. Der Doktor nahm all seinen Mut zusammen und griff sie an, lief aber durch die Gestalt hindurch und stolperte über seinen Begleiter. Von diesem Ereignis wurde der Doktor so schwer traumatisiert, dass er seinen Bericht erst nach zehn Tagen schreiben konnte.

Die schottische Romanautorin Catherine Crowe forschte nach und fand heraus, dass vor 200 Jahren dort ein Haus gestanden hat, in dem auch Geister gesehen wurden. Sie fand dafür schriftliche Aufzeichnungen, die von mehreren Zeugen bestätigt wurden.

Also, wenn unser physischer Körper stirbt, sind wir nicht im üblichen Sinn des Wortes tot. Bei jedem Tod zerfällt nur das Nebensächliche, der physische Körper, das Eigentliche aber bleibt und entwickelt sich weiter bis auch es eines Tages zu seinem Ursprung zurückkehrt. Dann ist das aber kein Zerfall, sondern Erfüllung, die Vollkommenheit. Wenn unser Wesen die Körperhülle verlässt, sind wir nicht mehr auf der Erdebene funktionsfähig aber auf der anderen Ebene funktionieren wir einwandfrei. Das Freiheitsgefühl stellt sich ein und der Mensch fühlt sich lebendiger als je zuvor. Wir existieren dann auf der ätherischen- und Astralebene bis wir schließlich in das weiße Licht eingehen und auf der Ebene der Seele, ins Jenseits, ankommen. Aus dem Gesagten ergibt sich, dass es mehrere Ebenen der feinstofflichen, geistigen Welt gibt und zwar niedere und höhere Ebenen. Es gibt also mehrere Welten und jede dieser Welten ist in mehrere Unterebenen geteilt. So ist unmittelbar um die grobstoffliche Welt eine ätherische und astrale Welt, dann eine mentale, kausale, spirituelle und letztendlich göttliche Ebene. Je höher die Ebene, desto weniger stofflich ist der Körper bzw. das Vehikel der Seele und des Geistes. Unmittelbar nach dem Verlassen des physischen, grobstofflichen Körpers begibt sich die Seele auf die Astralebene. Dem entsprechend sind das was wir als „Geister" aus dem Jenseits wahrnehmen und flüchtig sehen, astrale Körper dieser Seelen. Die Geister, welche wir als Spuk erleben, zeigen sich in ihrem Ätherkörper. Das was wir

Zwischenebene nennen ist eigentlich die niedrigste Ebene, die ätherische Welt, die sich an die grobstoffliche Ebene anlehnt bzw. in welche die grobstoffliche Ebene übergeht. Noch präziser gesagt, die sich hier zwischen uns befindet, aber feinere Schwingungsfrequenzen hat und deshalb nicht mit unseren üblichen Sinnen erfahrbar ist. Diese unsere physische Ebene, auf welcher wir Menschen funktionieren, ist die dichteste Ebene mit den niedrigsten Frequenzen des Daseins.

Wir glauben, dass unsere Welt fest ist und dass nur das was wir mit unseren fünf Sinnen wahrnehmen real ist, das aber das, was wir nicht berühren, sehen, hören, riechen oder schmecken können, nicht existiert. Die jüngste wissenschaftliche Entdeckung ist, dass diese Annahme eine Täuschung ist. Durch relativ langsames Verarbeitungstempo unseres Gehirns ist es uns unmöglich, jenen Raum, der auf subatomarer Ebene zwischen der Materie ist, zu sehen, was die Täuschung, dass diese Realität fest ist, verursacht. Das ist vergleichbar mit einem Zeitungsbild. Es besteht aus Millionen Punkten und weißen Flecken dazwischen, was wir erst sehen können, wenn wir ein Vergrößerungsglas nehmen, sonst sehen wir „nur" das gesamte Bild, was eine Illusion ist. In dem Buch „Geister" von Paul Roland steht auf Seite 96:

„Obwohl unsere scheinbar feste physische Welt eine Illusion ist, ist sie für uns Realität, während wir in unserem physischen Körpern bleiben, doch es gibt eine andere Welt aus feinerer Materie mit höherer Frequenz in den Lücken zwischen unserer eigenen.

Quantenphysiker haben die Theorie aufgestellt, dass subatomare Partikel, so genannte „dunkle Materie", die Illusion von Festigkeit erzeugen, ähnlich wie Töne und Obertöne in Kombination identifizierbare Klänge bilden….

Daher können wir die Existenz von Geistern und anderen übernatürlichen Phänomenen nicht als unwissenschaftlich und irrational abtun, nur weil wir ihre Präsenz nicht spüren. Wir können sogar unsere Wahrnehmung ändern, so dass wir uns anderer Realitäten bewusst werden; das geschieht oft unbeabsichtigt, wenn wir nicht so intensiv auf materielle Dinge fokussiert sind."

Also, die niedrigste Astralebene, die Ätherebene, hat nicht so feste Formen wie die grobstoffliche Welt, ist aber ein absolutes Ebenbild dieser Welt. Das aber, was wir als Jenseits bezeichnen, ist auf der Astralebene die Ebene der Seele, wohin die Seele ankommt wenn sie bereit ist, in das weiße Licht einzutreten. Auf dieser Ebene bewertet die Seele ihr gerade abgeschlossenes Leben, trifft sich mit anderen ihr nahe stehenden Seelen, erholt sich von den Strapazen ihres letzten Verbleibens auf der Erdebene und entscheidet sich und bereitet sich vor für ihre neue Inkarnation. In manchen esoterischen Büchern können wir lesen, dass der Mensch mit dieser Ebene bzw. mit Verstorbenen die sich auf dieser Ebene aufhalten, keinen Kontakt aufnehmen kann. Sie schreiben auch: meistens ersuchen diesen Kontakt die Seelen auf der niederen, ätherischen Ebene, die sich noch in der Zwischenwelt aufhalten, um einiges zu klären oder richtig zu stellen, um ihren Weg weiter antreten zu können. Die Geister die sich in der Ebene des Lichtes befinden, können wir nicht nach unserem Willen kontaktieren, außer dann, wenn diese Seelen den Auftrag von noch höheren Wesen und Göttlicher Vorsehung bekommen haben, mit uns Kontakt aufzunehmen. Andererseits berichten zahlreiche Channeln- oder Trance- Medien, dass sie gerade mit dieser Ebene Kontakt aufgenommen haben und unsere lieben Angehörigen aus dieser Ebene channeln. Mag sein, dass sich auch in diesem Sinne heute etwas verändert hat und das was vor Hunderten von Jahren, als diese Schriften entstanden sind, unmöglich war, heute eben möglich ist. Vielleicht deshalb, weil bei Menschen von heute gerade diese innige Verbindung, die damals zwischen der menschlichen Seele und anderen Ebenen des Seins vorhanden war, verloren gegangen ist. Nun sucht der Mensch nach überzeugenden Fakten, die ihm das Bestehen anderer Dimensionen und das Leben nach dem Tod beweisen können. Was kann einen mehr von der Richtigkeit dessen überzeugen, als der Kontakt mit seinen Lieben, die auf die andere Ebene hinüber gegangen sind?

Viele erkennen in der Zwischenebene, in der irdischen Atmosphäre, das so genannte Fegefeuer. Die Astralwanderer auch. Alles ist da anwesend, man hat alles und kann doch nichts davon berühren und seine Festigkeit spüren. Da kommt man durch die Menschen oder Gegenstände hindurch, was bei einem Geist zu entsetzlichem Leiden führt. S.J.Muldoon/H. Carrington schreibt in ihrem Buch „Die Aussendung des Astralkörpers" auf Seite 390:

„ Es gibt jedoch etwas, was ich wirklich weiß. Das ist die Tatsache, dass die Astralwesen, die auf der Erde „spuken", sich in dieser irdischen Atmosphäre, in diesem Fegefeuer der Toten, befinden, d.h. es gibt viele Geister von Verstorbenen, die auf der irdischen Ebene leben, die aber mit physischen Dingen nicht in Berührung kommen können."

Und weiter auf der nächsten Seite schreiben sie:

„… Das „Fegefeuer" ist nur ein zeitweiliger, nur ein Zwischenzustand, in dem die „Geister der Toten" für ein ewiges Leben vorbereitet werden… Im Fegefeuer der Toten bestimmt das Bewusstsein des Astralwesens seinen Daseinszustand; Gewohnheiten und Begierden halten es gefangen. Das Astralwesen muss richtig denken lernen, denn die Gedanken des Menschen beherrschen ihn."

Vergleicht man Erfahrungen, welche die Astralwanderer machen wenn sie bewusst ihren physischen Körper verlassen, mit den Erfahrungen der Menschen die Nahtoderlebnisse hatten oder sich durch hypnotische Regression an ihr früheres Leben, den Tod und Aufenthalt in der geistigen Welt zwischen zwei Geburten erinnern, muss man feststellen, dass diese Erfahrungen in allem übereinstimmen. Nach dem Verlassen des Körpers stellt sich zuerst das Gefühl der Freiheit und des Friedens ein. Alle körperlichen Gebrechen und mehr oder weniger vorhandenen Unzulänglichkeiten lösen sich auf. Alle Spannungen, Sorgen und Schmerzen fallen ab. Der Mensch fühlt sich leicht und schwebt oder wirbelt über seinem physischen Körper. Schauen wir näher, wie Muldoon und Carrington den Vorgang der Aussendung des Astralenkörpers schildern und wie Dr. Raymond Moody in seinem Buch „Leben nach dem Tod" das gleiche tut. Als Anzeichen der Abtrennung des Astralkörpers werden folgende „Ereignisse" aufgezählt: das Gefühl des Schwebens, Wirbelns, der Zickzackbewegung, Beklemmung in der Magengrube oder die Empfindung, als ob der Geist uns durch den Kopf verließe. Weiterhin kann es dazu kommen, dass man Lichter, Bilder von Landschaften oder Gestalten sieht und dass man verschiedene Arten von Klängen, von verworrenen Geräuschen zu schönen, himmlischen Melodien hört. Das kann Brummen, Zischen und Pfeifen wie auch der Klang der Glocken oder Gesang sein. Plötzlich ist man außerhalb des Körpers aber in der gleichen Umgebung wie zuvor, nimmt den eigenen feinstofflichen Körper wahr und fängt an sich in ihm bzw. mit ihm zu bewegen.

Nach Dr. Raymond Moody läuft der Vorgang eines Nahtoderlebnisses wie folgt ab: der Mensch liegt im Sterben. Er hört wie der Arzt ihn für tot erklärt. Mit einem Mal nimmt er ein unangenehmes Geräusch war, ein durchdringendes Läuten, Brummen oder Pfeifen. Zugleich hat er das Gefühl, sich sehr rasch durch einen langen, dunklen Tunnel zu bewegen. Plötzlich befindet er sich außerhalb seines Körpers und beobachtet denselben aus einiger Entfernung. Er nimmt wahr, wie man versucht, ihn zu beleben. Bald entdeckt er, dass er sich in einem geistigen Körper befindet und merkt, dass sich ihm andere Geistwesen, bereits verstorbene Verwandte und Freunde, nähern, die ihn begrüßen und ihm weiterhelfen. Er kommt in eine für ihn neue, wunderschöne Umgebung Der Sterbende empfindet seine neue Umgebung warm, tröstlich und angenehm und ein Wohlgefühl erfüllt mit Liebe umgibt ihn. Alle seine Sorgen und Frustrationen, all seine Wut, Verbitterung und andere Formen von Negativität fallen von ihm ab. Schließlich erscheint vor ihm ein Lichtwesen, das Liebe, Verständnis und Wärme ausstrahlt und ihn zur Rückschau seines Lebens veranlasst. Endlich kommt der Sterbende zu einer Art Grenze wo er erfährt, dass seine Zeit zum Sterben noch nicht gekommen ist und dass er zurück in seinen physischen Körper gehen soll. Obwohl ihn diese jenseitige Erfahrung mit Liebe, Frieden und Freude erfüllt, so dass er nicht mehr umkehren möchte, vereinigt er sich doch mit seinem Körper und lebt weiter. Er weiß aber, dass das Jenseits ein Ort der emotionalen und spirituellen Glückseligkeit ist und er verliert seine Angst vor dem Sterben.

Es ist nicht zu übersehen, dass die ersten Augenblicke, in welchen die Trennung des feinstofflichen vom grobstofflichen Körper stattfindet, übereinstimmen. Nach vollzogener Trennung entstehen die Unterschiede; der Astralwanderer, durch das Silberband mit dem physischen Körper verbunden, unternimmt seine Erkundungen dieser neuen Ebene bewusst und bewegt sich nach seinem freien Willen. Der feinstoffliche Körper, der sich durch das Nahtoderlebnis von seinem physischen Körper getrennt hat, wobei das Silberband noch nicht vollkommen zerriss, nimmt immer den vorgegebenen Weg durch den Tunnel bis zu der Grenze von wo aus er in den physischen Körper zurückkehrt.

Nicht nur Astralprojektionen und Nahtoderlebnisse weisen diese Gemeinsamkeiten auf. Auch die Rückführungen mittels

Hypnose, so genannte Inkarnationsregression, in welchen Probanden ihre Erfahrungen des Todes wiedergeben, stimmen mit Nahtoderlebnissen überein bzw. sind diesen verblüffend ähnlich. Bei allen diesen Berichten sind fast identische Phasen zu finden wie bei Patienten, die aus ihrem klinischen Tod erwacht sind und über ihre Erfahrungen berichtet haben. Auch hier wird fast immer gleich nach dem Verlassen des physischen Körpers von einer Empfindung des Schwebens berichtet. Körperliche Beschwerden sind völlig verschwunden und die Gefühle des inneren Friedens und der Ruhe, wie auch die Abwesenheit von Angst, treten auf. Der unten liegende Körper wird nicht länger als Teil des Sterbenden erlebt. Der Gestorbene entdeckt, dass er einen anderen Körper hat, der viele andere Fähigkeiten besitzt, was ihm ermöglicht, Dinge zu tun, die er nie in seinem physischen Körper tun konnte. Er kann fliegen, durch Wände und Türen gehen und in einer Sekunde an einem Ort sein, der Tausende von Kilometern entfernt ist. Er kann Gedanken anderer Menschen „lesen" und hat ein umfassendes Wissen des früheren Lebens.

Weiter wird berichtet von der auditiven Wahrnehmung. Kurz nach dem Tod hört man alle möglichen Geräusche: Summen, Klingeln, Klicken, Donnern, Pfeifen oder melodische Geräusche. Danach werden helle Farben, die ständig wechseln und scheinbar rasant vorüberziehen, wahrgenommen. Anschließend kommt das Gefühl, sich durch einen dunklen Tunnel zu bewegen, an dessen Ende das Licht zu sehen ist. So bald man aus dem Tunnel herausgekommen ist, wird die Anwesenheit anderer, geistiger Führer und Meister wie auch bereits verstorbener Verwandter, bemerkt. Sie alle versuchen dem Verstorbenen zu helfen, sich zurechtzufinden. Man fühlt sich geliebt und sicher.

Als nächstes erscheint das gleißende weiße Licht. Wenn man in dieses Licht eintritt, wird man zu der Ebene der Seele geführt, auf der man sein Leben bewertet und die nächste In-karnation wählt. Im Licht wird man angenommen und geliebt so wie man ist. Die Seele selbst bewertet ihr letztes Leben auf der Erde und entscheidet selbst, aus freiem Willen, ob sie wieder inkarnieren wird und wo und unter welchen Umständen ihr neu gewähltes Leben verlaufen soll. Sie setzt sich Ziele für das neue Leben und entscheidet, ob sie einen Teil ihres Karma da ausgleichen möchte oder nicht und welche Erfahrungen sie machen möchte, um zu lernen und sich spirituell weiter zu entwickeln.

Ein kleinerer Teil der Berichte der Menschen die Nah-toderlebnisse hatten ist nicht so positiv. Ihre Erfahrungen sind negativ verlaufen. Manche Menschen, die solche Erfahrungen hatten, haben diese verdrängt und im Unterbewusstsein „be-graben", manche aber haben sofort nach dem Erlebnis darüber berichtet. Der Grund dafür, dass die meisten oder beinahe alle Betroffenen diese negativen Erlebnisse vergessen, ist, dass sie sie verleugnen oder verdrängen und sich nicht an sie erinnern wollen. Sie haben nicht den Tunnel, der zu dem Licht führt, wahrgenommen, sondern haben sich in einer trostlosen Welt wieder gefunden. Sie berichten von der Kälte und Lieblosigkeit, die sie dort empfunden haben. Im Gegensatz zu dem Jenseits, wo die leuchtenden Farben einen erfreuen, ist hier alles dunkel und wie in einen dicken Nebel gehüllt. Eisige Kälte, nicht nur äußerlich empfunden, lässt das Herz erfrieren. Wenn Betroffene überhaupt darüber sprechen, dann berichten sie auch von eige-nen Ängsten vor Schlangen oder anderen Tieren, vor kochend heißen Seen oder Teufel.

Das ist die niedere astrale Welt, die sie besucht haben, wohin die „dunklen" Seelen, die kein Gewissen und keine Fähigkeit zur Reue haben, nicht eine Spur von Liebe gegen-über andere Wesen empfinden, die Liebe zur Manipulation missbrauchen und sich aus eigenem Entschluss von Gott abgewandt haben, nach ihrem Tod gelangen. So ein Umfeld haben die Seelen erschaffen durch die Gedanken, Worte und Taten, die während ihres irdischen Daseins Schmerz und Leid über die Welt gebracht haben. Wer auf der Erde Grausamkeit, Hass und Ungerechtigkeit verbreitete, wird sich dereinst hier wieder finden. Diese Ebene ist von einem üblen, unangenehmen Geruch durchdrungen und durch sie huschen die Schattengestalten, die elend und zerschlagen wirken, ruhelos von Ort zu Ort vor ihren eigenen Niederträchtigkeiten weg schweben. Für eine gequälte Seele dieser Ebene gibt es hier keinen sicheren Ort, der ihr Frieden und Erholung geben kann. Solche Seelen bleiben dort, in dieser trostlosen Welt, die aus Verstörtheit und Verzweiflung besteht, so lange bis sie sich Gott und der Liebe wieder erinnern, bis sie gereinigt sind und in die höheren Sphären aufzusteigen wünschen. Es wäre falsch zu verschweigen, dass es auch diesen Ort der Qualen und Flüche, ungebrochenen Trotzes und der ungestillten Begierden gibt. Jeder Menschengeist muss nach dem Verlassen seiner irdischen Hülle durch diese Regionen auf seinem Weg zu höheren Sphären gehen. Die Reinen, Geläuterten steigen wie in einem Traumzustand durch sie empor, aber diejenigen, in denen noch jene Leidenschaften, Sünden und Lüste leben, werden unerbittlich hier festgehalten. Ist also in dem Menschengeist nur eine Seite ungereinigt und vorhanden geblieben, wird diese Seite anfangen mit zu tönen und die Seele bleibt in dieser Ebene haften. Eine nicht ganz abgestorbene Neigung oder Begierde wird unter dem Einfluss der Umgebung anfangen sich zu regen und wie glimmende Kohle in Glut entfachen. So wird der Geist unfehlbar hier festgehalten werden.

Erst wenn sie ihre niedersten Begierden überwunden haben, wenn sie sich überzeugt haben, dass Begehren hier zu nichts führt, bis sie einen Ekel vor jenen Neigungen haben, wenn sie spirituell aufwachen, können sie in die höhere Ebene emporstei-

gen. Sobald sich in einer solchen Seele ein Funke der Selbst-
kritik und des Gewissens rührt, erscheint sofort ein Geistführer,
um ihr zur Seite zu stehen und sie weiter zu leiten.

Nur wenige Forscher der Nahtoderlebnisse berichten auch
von solchen Erlebnissen. Überwiegend führen sie nur schöne,
paradiesische Erfahrungen an. So beschreibt z.B. R. Moody gegen Ende seines Buches „Life After Life" eine solche
Erfahrung, aber in dem folgenden, zwei Jahre später (1977)
erschienenen Buch kommt auch er nicht wieder darauf zurück.
Meines Wissens nach, sind die einzigen Autoren die darüber
schreiben (mit Ausnahme von okkulter, hermetischer Literatur)
der Kardiologe Maurice Rawlings (in dem Buch: „Beyond
Deat`s Door" erschienen 1978) und die Psychologin Margot
Grey. Diese Welt beschreibt auch Sylvia Browne in ihrem Buch
„Einsichten" und nennt sie die Wartezone. Sie berichtet von
einer ihrer Astralreisen, die sie in diese Welt führte. Ich zitiere
die Seite 178 aus diesem Buch:

„Ich erfuhr etwas über die Wartezone, als ich im Schlaf
eine Astralreise zu ihr unternahm. Ich hatte keine Ahnung, wo
ich war, ich wusste nur, dass ich von einem endlosen Meer aus
verlorenen Geistern umgeben war, die der bodenlose Schmerz
tiefer Verzweiflung von ihrem Glauben abgeschnitten hatte. Sie
sprachen kein Wort, weder zu mir noch zueinander, sondern
schlurften nur langsam und ziellos mit gesenktem Kopf und
starrem Blick dahin...
Ich hatte keine Ahnung, wer diese tragischen Gestalten waren,
aber rein instinktiv fing ich an, panikartig zwischen ihnen he-
rumzulaufen, sie zu umarmen und jedem Einzelnen zu sagen:
„Sag, dass du Gott liebst. Du musst nur einfach sagen, dass du
Gott liebst, dann kommst du hier heraus." Niemand antwortete
oder sah mich nur an…."
Wie wir gesagt haben, auch für diese Seelen gibt es die Möglichkeit ins Jenseits zu kommen. Gott ist in seiner Liebe zu

seinen Kindern nicht rachsüchtig und verbannt keinen von seinen Kindern für alle Ewigkeit aus seiner heiligen Gegenwart. Die Engel und hoch entwickelten Seelen aus dem Jenseits steigen freiwillig in diese Regionen der Qualen um zu trösten, zu helfen und zu heilen, so dass auch diese verlorenen Seelen eine Chance haben, sich zu reinigen und in das weiße Licht des heiligen Geistes, wo sie mit Liebe umhüllt werden, empor zu steigen.

Über den Hüter der Schwelle finden wir nur in der okkulten Literatur Aufzeichnungen. Sie werden nie in einem Erfahrungsbericht erwähnt. Der Mensch begegnet diesem Hüter normalerweise erst in der Todesstunde, außer wenn er sich auf dem Weg der bewussten Entwicklung befindet. Dann ist die Begegnung mit dem Hüter der Schwelle Bestandteil seiner Einweihung. Ziel jeder okkulten Ausbildung ist neben der Entwicklung übersinnlicher Fähigkeiten und der Veredelung des Charakters auch die Verschmelzung von dem Ober- und Unterbewusstsein, ihre Vereinigung. Hüter der Schwelle ist der Dämon des eigenen Ich. Er stellt die Verfehlungen und Irrtümer der vergangenen Leben, das Karma, angehäufte Schuld und alle negative Eigenschaften dar. Er ist ein Ungeheuer, missgestaltet und widerwärtig, ein grauenhaftes Etwas, eine Vermischung der Formen Mensch und Tier. An ihm müssen die Sterbenden mit Grauen vorüber gehen, aber vor ihm erscheinen manche Menschen schon zu einer bestimmten Zeit ihres Lebens. Für jeden praktizierenden Magier oder Mystiker kommt die Zeit, wo er sich entscheiden muss, ob er der Sklave seiner Triebe und Bedürfnisse bleiben und dem Einfluss des äußeren und vergänglichen Scheinwillens weiter unterworfen sein will, oder ob er sich auf seine inneren Werte, seinen unsterblichen Funken, besinnt. Diese Zeit tritt für einen erst dann auf, wenn er stark genug geworden ist, den Widerstand des Hüters der Schwelle zu brechen. Der Hüter aber tritt nicht einem oberflächlichen Menschen gegenüber, weil er (der Mensch) sich noch zu sehr mit seinem dunklen Seelenteil identifiziert, um diesen erkennen zu können. In der Todesstunde aber, treffen wir ihn alle. Um zu verdeutlichen, wie wichtig es ist, sich und die eigenen Gedanken zu beherrschen, nur Gutes zu denken und zu tun zitiere ich die Begegnung eines Eingeweihten mit seinem Hüter der Schwelle aus dem Buch „Eine Einweihung im alten Ägypten" von Waldemar von Uxkull (Rüggeberg Verlag 1997, Seite 103):

„… „Der Hüter? Wer ist das?"

„Er ist das Erzeugnis Deiner Verfehlungen und Irrtümer in Deinem vorhergehenden Leben. Er ist Du selbst. Doch siehe, da kommt er!"

Der Jüngling blickte ins Wolkental. Aus dem Nebel trat allmählich eine Gestalt hervor, ein Ungeheuer, missgestaltet und widerwärtig, halb Mensch, halb Fabeltier. Die hervorquellenden, ungeheuren Augen drohend und fest auf den jungen Priester gerichtet, nahte es.

„Fürchte Dich nicht", beruhigte der Führer. „Blicke ihn ruhig an. Ich bleibe bei Dir."

Ein namenloses Grauen, ein vorher nie empfundenes Entsetzen erfasste den Jünger. Das Ungeheuer blieb drohend vor ihm stehen. Es war ganz nah.

Der Führer sprach:

„Du wirst ihn von jetzt an immer vor Dir sehen den Hüter, denn Du bist nun ein Sehender. Du hast ihn erzeugt, er aber wird Dein Erzieher sein. Jedes Mal, wenn Du etwas Schlechtes, Unreines denken oder tun wirst, wird er drohend anschwellen, Dir nahen und Dir Grauen und Furcht einflössen. Jeder reine Gedanke jedoch, jede edle, selbstlose Tat wird ihn beeinflussen und verändern und allmählich wird er seine Hässlichkeit verlieren, allmählich wird er eine Licht durchstrahlte Gestalt von überirdischer Schönheit werden und dann zuletzt, sich mit Dir, seinem Erzeuger, zu einem Wesen vereinigen. Er war auch schon früher mit Dir, immer Dir nah, aber Du sahst ihn nicht: Nun aber wirst Du ihn immer vor Augen haben, auch ihm Leibe."

Der junge Priester erschauerte."

Ich denke, dass jeder von dem Bestehen des Hüters erfahren soll, denn nur so können wir bereit sein, vor unseren eigenen Hüter der Schwelle zu treten und ihm in sein Antlitz zu schauen und in ihm uns selbst zu erkennen. Wenn wir überlegen, welch miese Taten wir alle irgendwann einmal gemacht haben, nur in diesem einen Leben, wie schreckhaft muss dann unser eigener Hüter aussehen! Aber versuchen wir ab jetzt, ihn zu verändern und ihn durch unsere guten Taten weniger Furcht erregend zu gestalten.

Wir sollen nicht die Tatsache vergessen, dass der Mensch selbst seine Wirklichkeit, seine Welt in welcher er lebt, erschafft. Auch im Jenseits ist unser Umfeld das Produkt unserer Gedanken und unserer Entscheidungen. So entscheidet sich die Seele freiwillig, die Reinigung von ihren Begierden und Leidenschaften vorzunehmen, um in der nächsten Inkarnation so gereinigt sich weiter entwickeln zu können. Wie die Seele nach dem Verlassen des physischen Körpers unangetastet bleibt und selbst unsere Persönlichkeit mit allen ihren Gefühlen, Vorlieben, Abneigungen und Wünschen unverändert erhalten bleibt, wird das Umfeld, welches die Seele auf der Astralebene für sich aufbaut, eben all dem entsprechen. Hier bekommen wir endlich die Möglichkeit, alle unsere Wunschträume in Erfüllung gehen zu lassen. Je tiefer ein solcher Wunsch in uns verankert ist, desto länger brauchen wir, um ihn auszuleben und somit ihn loszulassen. Also, die astrale Welt bildet sich aufgrund dessen heraus, was wir uns ersehnen und zu brauchen glauben. Alles was auf dieser Ebene erschaffen wird, egal um was es sich handelt, ist nur die Reflexion und das Abbild des individuellen Seelenmusters eines Menschen.

Das Übereinstimmen all dieser Berichte ist viel mehr als nur bloßer Zufall. Diese Erfahrungen, die Menschen aus verschiedenen Kulturen und Konfessionen fast identisch erlebt haben, zeugen von ihrer Richtigkeit. Außerdem passen sie genau, sogar in Einzelheiten, mit der hermetischen, lange Zeit geheim gehaltener, Lehre über Leben und Tod. Trotzdem ist es jedem einzelnen Menschen überlassen, diese Berichte so zu interpretieren, wie sie am besten zu den eigenen Überzeugungen passen.

Die Seelen, die sich im Jenseits aufhalten und die mit uns Kontakt aufnehmen, nennen wir die Geister. Sie sind, wenn sie sich uns zeigen, dadurch zu erkennen, dass sie nie krank, verletzt oder im Zustand körperlicher oder seelischer Not sind. Die Geister sind nie böse oder wütend oder durch Krankheit oder Verletzung verunstaltet, weil sie die Liebe und Heilung des Jenseits empfangen haben. Sie melden sich nur aus einem Grund: uns ihre Liebe zu zeigen. Alles was sie unternehmen, um unsere Aufmerksamkeit auf sich zu lenken, dient dazu, diese Liebe ausdrücken zu können. Aus Liebe zu uns melden sie sich auch, um uns zu helfen und uns etwas für uns Wichtiges mitzuteilen. Und doch fragen wir uns oft: „Wenn das schon so ist, warum beantworten mir nicht die Geister alle meine Fragen?" Oder: „Wenn sie mich lieben, warum helfen sie mir nicht, aus einer schwerer Situation herauszukommen?" Die Geistwesen lieben uns viel zu sehr, um uns alle Antworten zu geben. Sie wissen, dass jeder seine Erfahrungen, ohne jenseitige Hilfe, machen muss, um sich weiter zu entwickeln und wachsen zu können. Wir müssen uns unseren Herausforderungen stellen, um Weisheit zu erlangen und über uns selbst hinaus zu wachsen. Wenn sie uns einige Geheimnisse verraten würden, hätten wir es nicht mehr nötig, uns bestimmten Situationen zu stellen und sie zu bewältigen, was uns in unserem Wachstum nur hindern würde, statt uns eine Hilfe zu sein. Sie wissen das, aber wir selbst erkennen es sehr schwer.

Nicht jeder Mensch ist gleich sensibel und verfügt über die nötigen Sinneswahrnehmungen, um die Versuche der Geister, einen Kontakt herzustellen, zu spüren oder wahrzunehmen. Wenn sie sich nicht direkt der gewünschten Person mitteilen können, weil diese nicht genug offen für solche Kontakte ist, suchen sie ein Medium, das dann als Vermittler zwischen den „beiden Parteien" fungiert. Die Geister erscheinen uns in einer Form die uns hilft, sie zu identifizieren. Ihnen liegt sehr viel daran, dass wir sie erkennen. Manchmal erzeugen sie einen Duft als Erkennungszeichen, den wir mit ihnen in Verbindung bringen. Sie verfügen über die göttliche Fähigkeit sich zu bilokalisieren und können zur gleichen Zeit an unterschiedlichen Orten sein. Das heißt, dass sie sich gleichzeitig zwei oder mehreren Personen, z.B. den Familienmitgliedern die sich an verschiedenen Orten aufhalten, zeigen können. Weil sie in einer Welt leben die frei ist von irdischen Begrenzungen, kommt die Kraft ihres Geistes und ihrer Gedanken mehr zum Ausdruck, so dass sie telepathisch ausgezeichnet untereinander, wie auch mit uns auf der Erde, kommunizieren. Die Besuche von Geistern sind niemals dazu gedacht uns Angst zu machen oder uns zu bedrohen. Sie suchen uns nur aus einem positiven Anliegen heraus auf. Auch aufgrund der Art wie sie sich bewegen, können wir einen Geist von einem Gespenst unterscheiden. Weil sich ein Geist auf einer anderen Ebene befindet, der astralen Ebene, und weil sich diese Ebene in etwa einen Meter höher als die Ebene der Erde befindet, erscheinen uns die Bewegungen der Geister so als ob sie schweben. In Wirklichkeit bewegen sie sich auf dem Boden ihrer Ebene, was uns eben als ein Schweben erscheint.

Andererseits, die Seelen, die in der Zwischenwelt geblieben sind, die aus irgendeinem persönlichen Grund erdgebunden sind, nennen wir Gespenster. Sie hatten eigene Gründe, sich von dem Tunnel, der sie ins Jenseits führen würde, abzuwenden und ihren Tod hier auf der Erde nicht zu akzeptieren. Die Gründe, warum diese Seelen erdgebunden bleiben, sind, wie wir schon gesagt haben, verschieden. Das kann sein, weil sie sich nicht von einem geliebten Menschen oder von ihrem Besitz oder Job lösen können. Oder sie bleiben, um Rache zu üben oder aus Angst, Gott würde sie verurteilen und bestrafen usw. Die Gespenster tragen immer noch sichtbare Zeichen ihrer Verletzungen, Krankheiten oder Deformationen des Körpers, die sie hatten als sie starben, denn sie haben die heilende Wirkung des Jenseits nicht zu spüren bekommen. Sie können auch böse, eifersüchtig, wütend, verzweifelt, launisch und nachtragend sein, wenn wir mit ihnen zu tun haben. Sie weisen immer noch negative Eigenschaften ihres Charakters auf. Außerdem, Gespenster haben immer irgendwelche Probleme. Sie verweilen unter uns, weil ihr Sinn für die Realität schwer gestört ist. Sie sind verwirrt und in ihrer Verwirrung sind wir Eindringlinge in ihre Welt und nicht sie in unsere. Wenn man aber ihnen gegenüber Verständnis für ihre Situation aufbringt, wissen sie es meistens zu schätzen und können echt freundlich sein, besonders Kindern gegenüber. Sie können nicht, wie die Geister, gleichzeitig an mehreren Orten sein, denn sie sind eng mit einem bestimmten Ort verbunden und entfernen sich niemals weit weg davon. Weil sie total verwirrt sind, ist es ihnen auch egal, wie sie uns erscheinen. Meistens aber zeigen sie sich in ihrem Ätherkörper, als genaueres Abbild ihres irdischen Körpers, können aber auch eine verschwommene oder konturlose Gestalt, wie Nebelschwaden oder Rauchkringel, annehmen. Ob sie sich als Körper oder Nebelwolke materialisieren, hängt von der Stärke der Odkraft (Lebenskraft) ab, die ihnen dafür zur Verfügung steht. Diese Kraft können sie entweder aus dem Universum oder von den Menschen für ihre Zwecke abziehen. Da sie sich weder in der irdischen Dimension noch in der Dimension des Jenseits aufhalten, sondern dazwischen, sind die Gespenster in der Regel sichtbarer und deutlicher zu erkennen als andere Geistwesen, weil ihre Schwingung näher der Frequenz der Schwingung der grobstofflichen Welt ist.

Es gibt zahlreiche Geschichten über Spukgeister die zum Beispiel in alten Schlössern leben und gesehen wurden. Meistens erscheinen dort die Geister der verstorbenen Schlossbewohner. Es sind aber auch Erscheinungen bekannt von einer weißen oder schwarzen Frau, Ketten rasselnden Rittern oder aber von Geistern der in den Kerker geworfenen Menschen. So z.B. werden in Schlössern der Habsburger immer wieder, auch in heutiger Zeit, so genannte „paranormale" Vorfälle wahrgenommen. Und sowohl die Sommer- als auch die Winterresidenz der kaiserlichen Familie sind Schauplätze einer Menge von Erscheinungen. Jedem Kaiser soll vor einer drohenden Katastrophe nachts eine Frau, die bekannt als „Weiße Dame" ist, erschienen sein. Trägt sie weiße Handschuhe, so bedeutet ihr Erscheinen eine Geburt. Trägt sie schwarze Handschuhe, so kündet sie den Tod eines Habsburgers oder einer Habsburgerin an. Meistens sah man sie im Schloss Hofburg, aber auch im Schloss Schönbrunn wurde sie gesehen und zwar in der Nach, bevor die Kaiserin Elisabeth 1898 vom Anarchisten Luccheni in Genf mit einer Feile erstochen wurde.

Die Weiße Dame erscheint nicht nur in Schlössern der Habsburger. Auch in der Burg Hohenzollern geisterte der Legende nach die Weiße Frau und verkündete Unheil und Tod. Laut Oskar Schwebel, der ein Sagenbuch des 19. Jahrhunderts schrieb, erschien die Weiße Frau im Berliner Schloss, wenn „… was Grausiges, Unerwartetes, dem ganzen Land Unheilvolles geschehen wird" und wenn ein Mitglied des Hauses Hohenzollern stirbt."

Im Schloss Walchen in Oberösterreich wird auch von der Erscheinung der Weißen Frau erzählt. Einige Menschen, die dort gelebt oder nur übernachtet haben, hatten eine Begegnung mit diesem Geist. Manche haben nur eine nebelhafte Erscheinung wahrgenommen, die sich schwebend bewegte, andere wieder haben sie ganz deutlich gesehen. Frau Ingmarie Czapek, die von 1986 bis 1989 im Schloss lebte, hat die Weiße Frau eines Nachts gesehen. Sie schlief mit ihrem Mann im Zimmer, als sie gegen ein Uhr morgens wach wurde. Etwas hatte sie geweckt. Dann hörte sie plötzlich schlurfende Schritte, die immer näher kamen. Sie bekam Angst, aber als sie dann auch eine Gestalt, die durch die offene Flügeltür in das Zimmer kam, sah, geriet sie in Panik. Sie wurde wie gelähmt und konnte kaum atmen, ihr Mann schlief weiterhin seelenruhig. Die Erscheinung bewegte sich langsam auf die Fenster zu und blieb dort stehen. Die Angst legte sich, so dass Frau Czapek den Geist genau beobachten konnte. Es war eine Frauengestalt, klein und schmal, und sie hatte ein weißes Kleid an. Ihr Kopf war mit einem weißen Schleier umhüllt. Obwohl der Vollmond in den Raum schien, konnte sie kein Gesicht der Erscheinung erkennen. Die Gestalt ging dann an dem Bett der liegenden Frau vorbei und diese roch den Veilchenduft. Danach verschwand der Geist aus dem Zimmer und die Frau hatte ein wohliges Gefühl. Ihr wurde warm ums Herz und sie wusste, dass der Geist der Weißen Frau sie und ihre Familie beschützt.

In dem Buch „Geisterschlösser in Österreich" von mehreren Autoren, die Augenzeugenberichte veröffentlichen, sind auch Spuk- Erscheinungen im Schloss Schönbrunn beschrieben worden. Unter anderem findet sich dort auch ein Bericht von einem ehemaligen Fremdenführer. Er wollte seinen Namen nicht veröffentlicht wissen, wenngleich er den drei Journalisten, die gerade für das Buch „Spuk in Wien" recherchierten, seine Erlebnisse Preis gab. Er erzählte, dass er eines Morgens im April 2001 zum ersten Mal eine Begegnung mit Kaiserin Sissi hatte. Oft kam er eine halbe Stunde vor Beginn seiner Führungen in

LE

das Schloss und genoss es, alleine durch die Gemächer des Schlosses zu schlendern. Er fühlte sich fast in die vergangene Zeit versetzt und atmete mit der Luft die Geschichte des Schlosses ein. Während er an besagtem Tag durch die Räume gehend seinen Gedanken nachhing, bemerkte er aus den Augenwinkeln eine Bewegung. Zuerst glaubte er an eine optische Täuschung als er Schatten erblickte, aber als er genauer hinschaute, sah er im Toilettenraum der Kaiserin Elisabeth zwei blasse, fast transparente, Frauengestalten. Eine Frauengestalt trug ein weißes Spitzenkleid und saß auf dem Stuhl. Die andere hatte etwas Gelbes an, was man nicht so deutlich erkennen konnte. Sie stand daneben und kämmte das Haar der sitzenden Frau. Wie er sagte, war das Haar das deutlichste an der ganzen Erscheinung. Es waren lange, dunkle Strähnen. Die beiden schienen vergnügt zu sein und oft zu lachen aber es war kein Laut zu hören. Er stand nur wenige Meter entfernt vor der Glaswand, die diesen Toilettenraum vor neugierigen Touristen schützt und wagte kaum zu atmen oder sich zu bewegen. Plötzlich schlug ein Fenster zu und im nächsten Moment waren die Frauengestalten verschwunden. Erst danach wurde ihm bewusst, dass er die beiden auf Bildern gesehen hatte. Es bestand kein Zweifel, dass ihm die Kaiserin Sissi und ihre Friseurin Fanny Feifalik erschienen sind. Später sprach er darüber mit seinen Kollegen und einige von ihnen gaben zu, dass sie auch die gleiche Erscheinung gesehen haben.

Ich habe versucht klar zustellen, was das Jenseits und was die Zwischenwelt ist, und welche Wesenheiten die eine und die andere Welt bewohnen. Auch, dass Wesen dieser Dimensionen zwischen uns verweilen und das wir sie manchmal wahrnehmen können. Es bleibt noch nachzuschauen, auf welche Art die Geister einen Kontakt mit den Bewohnern der Erde suchen.

68

Arten, wie sich die Geistwesen bemerkbar machen

Die Seelen, die auf anderen Ebenen weiter existieren, sind sehr einfallsreich, wenn es darum geht, uns Zeichen zu geben, dass sie da sind, dass sie noch lebendiger als auf der Erde sind und dass es ihnen gut geht und sie glücklich sind. Oft reicht es ihnen, wenn wir dann sagen, dass wir ihre Anwesenheit wahrgenommen haben und dass wir wissen, dass sie uns lieben und uns helfen wollen über unseren Schmerz hinaus zu gehen. Das Problem liegt aber bei uns hier Verbliebenen, denn wir suchen immer für die Zeichen, die von unseren lieben Verstorbenen kommen, eine rationale Erklärung, welche unser Verstand, ohne Erschütterungen, annehmen kann. Haben wir zum Beispiel Geräusche gehört, wie knacken des Fußbodens, wie unter den Schritten eines Menschen, sagen wir zu uns selbst, dass sich die Bretter bewegen (das Holz dehnt sich aus oder zieht sich zusammen) und das Holz atmet. Hat das Telefon geklingelt und am anderen Ende ist niemand, denken wir: jemand hat sich verwählt. Wir erkennen die Zeichen nicht, weil wir sie als solche nicht wahrhaben wollen. Warum wir sie nicht erkennen wollen, ist sehr schwer zu sagen. Diese Gründe sind ganz individuell und zahlreich, so dass es unmöglich wäre, sie alle aufzuzählen.

Weil es in der Umgangssprache üblich ist, die Seelen der Verstorbenen, die in der geistigen Welt weiter existieren, „Geister" zu nennen, werde ich sie im weiteren Text auch so bezeichnen. Also, die Geister lieben es, vertraute Düfte zu benutzen, die sie auch während ihres Aufenthaltes auf der Erde benutzt haben, um auf ihre Anwesenheit hinzuweisen. Sie können uns aber auch leicht berühren, auf den Kopf, den Nacken oder die Schulter, so wie sie es zu tun pflegten, als sie körperlich anwesend waren. Oft bewegt ein Geist einen

Gegenstand z.B. ein eingerahmtes Bild auf dem er zu sehen ist, so dass wir einen Hinweis auf seine Identität bekommen. Oder er kippt sein Foto, das auf einem Tisch oder einer Kommode steht, um. Manchmal spielt der Geist mit der Flamme der Kerze, die wir ihm zu Gedenken angezündet haben, oder er überlagert unseren Lieblingsschnappschuss mit seinem Gesicht. Hat die Oma während ihres Daseins immer in ihrem geliebten Schaukelstuhl gesessen, kann es vorkommen, dass sie diesen Schaukelstuhl bewegt, um sich bemerkbar zu machen. Oder sie lässt die Musik, die sie am liebsten hörte, spielen.

Oft verbinden die Geistwesen ihre Energie mit Elektrizität oder Wasser, die starke Leitern sind, was ihnen das Eintauchen in unsere Dimension erleichtert. Um ihre Anwesenheit kund zu tun, können sie Fernseher, Haushaltgeräte, Telefone oder Computer benutzen. Wenn sie ein Telefon dafür benutzen, sich bemerkbar zu machen, klingelt dieses und am anderen Ende ist niemand, oder es ist ein unidentifizierbares Rauschen zu hören. Das Fernsehgerät kann verrückt spielen und ohne dass man die Fernbedienung nur angefasst hat, wechseln alle Kanäle wie wild. Oder plötzlich springt das Fernesehgerät von allein an oder aus. Natürlich sind nicht immer die Geistwesen für das Verrücktspielen unserer elektrischen Geräte verantwortlich. Es ist durchaus und realistisch möglich, dass es sich um eine fehlerhafte Funktion handelt, und doch sind elektrische Geräte bei Geistern sehr beliebt, um die eigene Anwesendheit zu verkünden. Flackernde Lampen oder abgestürzte Computer können auch Zeichen der Geister sein. Sogar in einem Erfahrungsbericht aus dem Buch „Von Geistern, Spuk, Gespenstern und dem Wiedersehen im Jenseits" von Sylvia Browne wurde erzählt, dass sich der Geist einer verstorbenen Familienangehörigen durch das Spielen „ihrer" Musik im Radio, das weder eingeschaltet noch am Stromnetz angeschlossen war, gemeldet hat.

Die leblosen Gegenstände können auch einen „eigenen Verstand" entwickeln. Die Uhren können nach belieben laufen und stehen bleiben. Besonders gerne benutz ein Geist die Uhr, um sie zum Beispiel an seinem Todestag, in der Stunde als er seinen Körper verlassen hat, zum Stillstand zu bringen. Oder es verschwinden plötzlich Gegenstände, die man an einen bestimmten Ort gelegt hat, um später genau auf diesem Platz wieder aufzutauchen. Wir können Münzenhaufen an einem Ort finden, wo normalerweise keine Münzen liegen. Eine Tür kann auf einmal zuschlagen, ohne dass es den leisesten Windzug gab. Es gibt zahlreiche Anzeichen, die auf die Gegenwart eines geistigen Wesens hindeuten, obwohl wir oft unsicher sind, ob das tatsächlich stimmt. Es kommt uns vor, dass wir uns das alles nur einbilden oder sogar uns idiotisch benehmen, wenn wir nach diesen Zeichen Ausschau halten.

Es gibt auch Zeichen, die wir den Sinnestäuschungen zuschreiben wie z.B. wenn man „hört" wie eine bekannte „imaginäre" Stimme unseren Namen ruft, oder wenn man leichten Atem im Nacken spürt. Genauso wenn man einen „imaginären" Schatten sieht, der vorbeihuscht, oder wenn man beim eigenen Spiegelbild den Eindruck hat, dass noch jemand anders da ist, obwohl niemand hinter einem steht. Letztendlich kann man das Gefühl haben als ob noch jemand im Zimmer anwesend ist, oder man fühlt sich beobachtet, obwohl niemand da ist.

In vielen Fällen, in welchen die „Begegnungen" mit Geistern beschrieben sind, können wir auch davon lesen, dass genau solche Zeichen zwischen anderen Ereignissen aufgetreten sind. So finden wir im Buch „Geisterschlösser in Österreich" von Bieberger, Gruber, Herberstein und Hasmann (Ueberreuter Verlag, Wien 2004) auch einen Bericht von den Spuk- Erscheinungen im Schloss Moosham. Oft haben die Menschen, die zu später Stunde in der Schlosstaverne saßen, eine Feier, die die Geister im Obergeschoss hatten, wahrgenommen. Auf der Seite 160

erzählt Annemarie Pöllitzer, Frau des örtlichen Gendarmerie-
kommandanten und Reporterin der „Lungauer Nachrichten",
was sie dort erlebte:

„Immer schon wurde gemunkelt, im Schloss wäre es nicht
geheuer, aber keiner redet gern darüber" beginnt die resolute
Dame. „Sehr beeindruckt hat mich ein Erlebnis während der
achtziger Jahre. Wir waren eine große Runde, etwa zwanzig
Leute, und saßen vor der Taverne im Burghof beisammen. Es
war schon späterer Abend, aber recht lustig und gemütlich. Da
dachte ich mir: „Wer treibt sich denn um diese Zeit noch in den
oberen Stockwerken, im Museum, herum?" Es gab ja längst
keine Führung mehr. Plötzlich fragte mein Sitznachbar: „Siehst
du das auch, wird da heute was gefeiert da oben?" Ein anderer
meinte: „Spinnst? Um diese Zeit?" Jetzt wurde uns natürlich ein
bisschen mulmig. Über längere Zeit ging das so dahin. Es schien
wie ein großes Fest. Man sah flackerndes Licht und sich wie zu
einer imaginären Melodie bewegende Schatten an den Festern.
Auch Gepolter war zu hören, wie bei einem Fest, aber keine
Stimmen. Man sah auch keine Menschen. Dann war das mit
einem Mal vorbei und alles wieder völlig ruhig. Wir sprachen
noch aufgeregt darüber und eigenartigerweise hatten manche
von uns überhaupt nichts davon bemerkt. Für die anderen war
das völlig unverständlich. Sie hatten diese Geräusche gehört
und ebenfalls den Eindruck gehabt, dort oben findet eine Feier
mit vielen geladenen Gästen statt, als ob gelacht, getrunken
und getanzt worden wäre.

Letztes Jahr holte ich hier meine Tochter ab, sie machte damals
Führungen im Schloss. Wir standen draußen vor der Zugbrücke
auf dem kleinen Parkplatz und redeten. Sie wollte noch rasch
ihre Zigarette zu Ende rauchen. Es war völlig still und bereits
dunkel. Auf einmal hatte ich das Gefühl, es fasst mich jemand
an. Meine Tochter warf ihre Zigarette weg und meinte im selben
Moment: „Fahren wir! Mir ist unheimlich, wir sind da jetzt

nicht alleine." Man hat niemanden gesehen, wohl aber etwas gespürt. Wir wussten in diesem Augenblick beide, irgendwas ist jetzt um uns, etwas Bedrohliches. Wir sprangen sofort ins Auto und schauten, dass wir weiterkamen."

Wie wir am Anfang dieses Kapitel gesagt haben, die Geistwesen sind sehr erfinderisch, wenn es darum geht, uns ihre Gegenwart kund zu tun. Alle diese Signale kann man nicht, gerade aus diesem Grund, angeben. Es bedeutet nicht, dass ein Zeichen das hier nicht aufgezählt ist und welches Sie wahrgenommen haben, nicht wirklich und echt war, nur weil es hier nicht seinen Platz gefunden hat. Versuchen Sie darauf zu achten, oder vielleicht die Zeichen, die Sie wahrnehmen, aufzuschreiben aber werden Sie nicht entmutigt, wenn es zu wenige sind. Je mehr man die Augen und Ohren, vor allem aber den Geist, offen hält, desto mehr Zeichen werden bemerkt und als solche erkannt. Und je mehr man sie mitbekommt, desto stärker nimmt man die Signale war, die uns die Geistwesen ständig zukommen lassen.

Kommunikation mit Geistern in alten Schriften

In vielen Teilen der Erde betrachtet man die Geister als Faktum, als Wesen, die gleichzeitig mit uns und neben uns existieren. So sind die Geister der Ahnen für Indianerstämme eine Tatsache. Sie existieren zusammen mit lebenden Menschen und ihnen werden Opfer gebracht, um sie nicht zu erzürnen. In China denkt man auch, dass die Toten neben den Lebenden existieren, was auch zu Ahnenverehrung führte. Dass in den Religionen fernöstlicher und asiatischer Länder die Lehre von der Reinkarnation (Wiedergeburt) enthalten ist, weiß jeder Mensch. Für sie bedeutet der Tod nur den Übergang der Seele von einem Seinszustand in einen anderen. In den hinduistischen

Upanishaden ist die Seele mit einem Salzklumpen verglichen. So wie das Salz aus dem Ozean stammt und letztlich zur Quelle zurückkehren muss, dabei aber immer noch Salz in einem anderen Zustand bleibt, so muss auch die menschliche Seele zu ihrem Ursprung, dem Ozean des Seins, zurückkehren. Sie bleibt also auch nach dem physischen Tod bestehen, aber in einem anderen Zustand (wie das Salz). Dem Buddhismus zufolge löst sich auch die Seele im Augenblick des Todes auf, so dass nur reines Bewusstsein zurückbleibt, das nach einem neuen Körper sucht, wenn die Seele nicht erleuchtet war. War die Seele erleuchtet, steigt sie in höhere Seinszustände, wo sie selbst entscheiden kann ob sie, wann sie und wie sie als hilfreicher Geist in das Dasein der Lebenden eingreift.

In der christlichen Lehre wurde nicht so direkt von dem Leben nach dem Tod, bzw. von der Reinkarnation gesprochen. In heiligen Schriften ist allerdings andeutungsweise und zweideutig davon berichtet, so dass es nur von der Auslegung abhängt, wie man diese Aussagen versteht. Uns interessieren aber Berichte von der Begegnung mit einem Geist oder ein absichtlicher medialer Kontakt mit Geistern.

Der älteste uns bekannte Bericht von der Begegnung mit einem Geist ist im Alten Testament zu lesen. Da wurde von dem israelitischen König Saul und seinem Ersuchen einer Hexe erzählt. König Saul hat okkulte Praktiken verboten, aber als die Philister auf die Stadt Gilboa marschierten, wandte er sich an Gott, um zu erfahren, wie er dieser Gefahr begegnen soll. Als er keine Antwort erhielt, ging er verkleidet zu einer Hexe, die sollte den Geist von Samuel aus dem Reich der Toten rufen. Zu seinem Erstaunen materialisierte sich Samuel in der Gestalt eines alten Mannes, in einen Umhang gehüllt. Er fragte König Saul, warum er ihn gestört habe. Dieser entschuldigte sich für die Störung und sagte, er hätte ihn nie gerufen, wenn sein Königreich nicht in Gefahr wäre. Darauf antwortete ihm Samuel, dass das was geschehen soll, von Menschen nicht verhindert werden kann und verschwand.

Im Neuen Testament wurden die Geister nicht direkt erwähnt aber indirekt wohl. Im Lukas 24:39, sagt Jesus zu seinen Jüngern: „Berührt mich und vergewissert euch, dass ich kein Geist bin, denn Geister haben keinen Körper, den ich, wie ihr seht, sehr wohl habe." Besonders aber in den gnostischen Evangelien gibt es mehrere Stellen, an denen von dem lebendigen Geist im Menschen die Rede ist und wo persönliche Erfahrungen der Apostel mit der Astralwelt und dem veränderten Bewusstseinszustand beschrieben sind. So unterscheidet Jesus zwischen „dem realen Reich" und „dem Reich der Wahrheit." Auch der heilige Paulus unterscheidet zwischen unserer irdischen Form und dem Geist. Er sagte: „Es gibt auch himmlische Körper und irdische Körper: doch die Glorie des himmlischen ist eines, die des irdischen ein anderes. … es gibt einen natürlichen Körper und einen spirituellen Körper." (1 Kor 15,35-44)

Der katholische Priester Johannes Greber, der am 2. Mai 1874 in Wenigerath, Kreis Bernkastel geboren wurde, beschreibt in seinen Bücher seinen Weg, den er gegangen ist, um auch selbst den Verkehr mit der Geisterwelt Gottes herzustellen, nachdem ihm die Boten Gottes den Weg gezeigt haben. Zuerst wurde er zu einer Art privatem Gottesdienst eingeladen, wobei gebetet, in der Bibel gelesen und das Gelesene besprochen wurde. Dabei war auch ein Junge anwesend, der pflegte plötzlich bewusstlos vornüber zu fallen, dann wurde er, wie von einer unsichtbarer Hand, aufgerichtet und erteilte den Anwesenden wunderbare Belehrungen. Durch ihn sprach ein hoher Geist, der Pfarrer Greber zuerst aufforderte, jeden Sonntagabend wieder zu kommen, um weitere Belehrungen zu erhalten. Schließlich wurde ihm aufgetragen, in seiner Gemeinde in Kell einen medialen Entwicklungskreis zu bilden, wo er Zeuge sein sollte, wie die Medien von der Seite der Geisterwelt ausgebildet werden.

Besonders oft und viel wurde er auf die Lehre der Bibel verwiesen, in der auch von Medien, damals Propheten genannt, wie auch vom Verkehr mit der Geisterwelt geschrieben steht. Zum Beispiel Amos 2,11 „Ich habe von euren Söhnen manche als Propheten und von euren Jünglingen manche als Gottgeweihte auftreten lassen." Durch seine Medien, die bei seinen Zusammenkünften als solche ausgebildet wurden, wurde dem Pfarrer mitgeteilt, dass die Menschen heutiger Zeit die Bibel oberflächlich lesen und über Berichte nicht tiefer nachdenken. Sonst müssten sie sich fragen „Wie geschah das alles? Wie ging das vor sich?"

Schon am Anfang war davon die Rede, dass Gott mit Menschen sprach (mit Adam und Eva, Kain und Abel und so weiter). Auch dem weiteren Text ist zu entnehmen, dass ein täglicher Verkehr zwischen dem israelitischen Volk und der Geisterwelt bestand, denn jeder konnte Gott fragen und Antwort erhalten. Die Führer des Volkes unternahmen nichts ohne Anweisungen aus der guten Geisterwelt. Wenn es diese geistige Welt nicht gäbe, wie wäre das dann möglich? Und wenn es damals möglich war und zustande kam, warum sollte es heute nicht mehr möglich sein? Warum zweifelt man heute an der Wahrhaftigkeit solcher Verbindungen?

Die geistige Welt ist auch heute bereit, sie sehnt sich sogar danach, Kontakt mit Menschen aufzubauen, die Brücke, die zwischen Jenseits und Diesseits besteht, zu betreten, aber wir Menschen müssen auch selbst diese Brücke bauen helfen. In der Bibel wurde klar beschrieben wie diese Kontakte zustande kamen. So sprach der Engel des Herrn aus dem brennenden Dornbusch zu Mose, oder aus der Wolkensäule zu den Israeliten. Beides, brennender Busch wie auch Wolkensäule, sind die Arten, wie sich die Odkraft, die zur Herstellung eines solchen Kontaktes notwendig ist, wenn sie angestaut und komprimiert ist, nach außen zeigt. Als Gott zu Moses sagte: „Ich will die

Wolke noch dichter machen damit mich das ganze Volk hören kann, wenn ich mit dir spreche" war das nötig, denn ohne noch stärker verdichtete Odwolke konnte er seine Stimme nicht verstärken. Es musste mehr Odkraft vorhanden sein, die Er dafür benutzen konnte, seine Stimme zu materialisieren.

Die Flammen im Dornbusch, die Wolkensäulen, das Orakelschild und andere Dinge die in der Bibel genannt werden, waren damals notwendige Leitungsdrähte, durch welche das Gespräch zwischen dem Jenseits und dem Diesseits stattfand und sind nur die bildhaft beschriebenen Vorgänge dessen. Auch heute braucht man eine bestimmte Menge an Odkraft, wenn man Kontakt mit der anderen Dimension herstellen möchte. Diese Odkraft ist die Brücke, ohne welche die Äußerung der geistigen Welt unmöglich wäre. Diese Kraft ist erforderlich für die Geisterverkörperung bzw. die Bildung ihrer materiellen Gestalt Die Quelle dieser Kraft für den Geisterverkehr bildeten damals, genau so wie sie es heute auch tun, die Medien. Deshalb wurde in den Schriften des Alten Testament so viel von Propheten und Prophetenschulen berichtet.

Wir dürfen feststellen, dass alle großen Persönlichkeiten des Alten und des Neuen Testamentes bedeutende Medien waren. Der Bibel ist zu entnehmen, dass Abraham ein Trancemedium war. Das ist klar geschildert an der Stelle 1. Mose 15,12 u. 17:

„Als nun die Sonne untergehen wollte, da fiel ein tiefer Schlaf auf Abraham und zugleich stellte sich eine Beängstigung und tiefe Finsternis bei ihm ein... Als dann die Sonne untergegangen war und es ganz finster wurde, da war es wie ein rauchender Ofen und wie eine Feuerfackel, was zwischen jenen Fleischstücken hindurch fuhr."

Der Schlaf war ein medialer Schlaf und es geschah bei Dunkelheit, weil diese die Abgabe des Odes begünstigt. Das er wie ein rauchender Ofen und eine Feuerfackel aussah, ist darauf zurück zu führen, dass die Abgabe von Od in der Dunkelheit so zu sehen ist.

Es ist klar, dass Mose auch ein Medium war. Er gab das Od ab, das durch den Dornbusch und die daneben ruhende Herde verstärkt wurde und als Flamme leuchtete. Auch das passierte in der Nachtzeit. In damaliger Zeit wurden Medien auch als Seher bekannt. So war Samuel ein Seher, der auch eine Medienschule, eine so genannte Prophetenschule, leitete. In diesen Schulen war Gottesdienst das Wichtigste. Dadurch wurden die Medien (Propheten) in eine innige Verbindung mit Gott gebracht, wodurch sich auch ihre medialen Fähigkeiten entwickelten. So wurden sie befähigt, als würdige Werkzeuge Gottes der Menschheit zu dienen.

Selbstverständlich gab es mediale Kontakte mit der Geisterwelt auch vor dem Christentum, in der Welt des Heidentums, wie sie die Christen nannte. Die allgemeine Überzeugung der Christen war, dass damals nur die bösen Kräfte und Dämonen die Welt beherrschten und dass demzufolge durch die damaligen Propheten nur diese Kräfte sprachen. Das ist zu verstehen wenn man in Betracht zieht, dass zwischen dem Christentum und den alten heidnischen Religionen ein Kampf um die Macht entstand. Nur, damals wie auch heute gilt es zu unterscheiden zwischen den guten und bösen Geistern. Melden sich durch ein Medium böse Geister, ist immer ein Toben und Rasen zu sehen und zu hören, dagegen äußern sich die guten Geister ruhig. Die Kundgebung der beiden Arten von Geistern unterliegt den gleichen Gesetzen und es passiert in gleicher Art und Weise. Was die beiden unterscheidet, ist der Inhalt und das Benehmen des Geistwesens, was sich durch das benutzte Medium, seine Ausdrucksweise und sein Benehmen, erkennen lässt.

Auch in der Zeit vor Christus gab es Hellseher, die in die Reiche der Geister schauen konnten und die diese Welt als die gleiche wie die irdische Welt beschrieben haben, nur dass sie

eben geistig anstatt materiell ist. Die ältesten schriftlichen Angaben von solchen Sehern und Propheten vorchristlicher Zeiten,
finden wir in den Schriften der alten griechischen Philosophen,
in denen ausführlich über das Orakel in Delphi berichtet wird.
Das Orakel von Delphi war die wichtigste Kultstätte und das
berühmteste Orakel der antiken hellenistischen Welt. Es befand
sich am Hang von Parnass bei der Stadt Delphi in der Landschaft
Phokis und war griechische Pilger- und Weissagungsstätte.
In der griechischen Geschichte tauchte Delphi erstmals im 8.
Jahrhundert vor Christus auf. In Delphi wurde der Tempel dem
Gott Apollo geweiht, der für das Schlichten von Streitfällen
verantwortlich war. Diese Aufgabe sollte das Orakel für fast
1000 Jahre in Griechenland übernehmen. Laut der Legende, ließ
Zeus zwei Adler von je einem Ende der Welt fliegen, die sich
in Delphi trafen. Seit dem erklärte er Delphi zum Mittelpunkt
der Welt. Zu diesem Mittelpunkt sollten im Laufe der Jahrhunderte unzählige Menschen pilgern, um hier Rat zu suchen
und zwar nicht nur Herrscher und wichtige Persönlichkeiten,
sondern auch ganz einfache Menschen. Sogar politisch und
juristisch wurde nichts unternommen, ohne vorher das Orakel
zu befragen. So traten die Verfassungen von Sparta, Athen und
anderen griechischen Staaten erst in Kraft, nachdem das Orakel
sie gebilligt hatte. Auch das Verbot der Blutrache kam durch
die Aussagen des Orakels zustande.

Alle Prophezeiungen sprach die Pythia aus. Sie stammte
immer aus Delphi und wurde auf Lebzeiten gewählt, genau wie
die zwei Priester im Apollo- Tempel, die für die Formulierungen
und Deutungen der Vorhersagen zuständig waren. Während
ihrer Weissagungen saß die Pythia auf einem Dreifuß hinter
dem Vorhang im so genannten Adyton, über eine Erdspalte.
Es wurde Weihrauch verbrannt und sie kaute Lorbeerblätter.
Der Überlieferung nach stiegen aus dieser Erdspalte Dämpfe,
die die Pythia in einen Trancezustand versetzten. In diesem

Zustand verkündete sie ihre Eingebungen. Ihre Worte konnten auf diese Weise unverständlich sein und deshalb „übersetzten" die Priester ihre Weissagungen. Sie formulierten die Sprüche, aber die Auslegung überließen sie dem Ratsuchenden.

Bevor die Pythia mit ihren Weissagungen begann, wurde ein Opfertier geschlachtet und am Altar verbrannt. Danach begab sie sich in Begleitung von zwei Priestern zu der heiligen Quelle Kastalia, wo sie nackt ein Bad nahm, um kultisch rein zu sein. Danach trank sie aus einer anderen heiligen Quelle, der Kassiotis, einige Schlucke heiligen Wassers. Anschließend ging sie in den Apollo- Tempel, setzte sich über die Erdspalte und sprach nach dem Versinken in einen Trancezustand ihre Prophezeiungen aus.

Am Anfang wurde das Orakel nur am Geburtstag Apollos befragt, aber später konnte man das Orakel an jedem siebten Tag im Monat befragen. Auch die Reihenfolge derer die das Orakel befragen wollten, war festgelegt. An erster Stelle der Rangfolge der Fragesteller standen die Bürger Delphis, danach der Städte Athena und Sparta und nach ihnen die Abgesandten anderer griechischer Städte. Erst nach ihnen konnten die Bittsteller aus anderen Ländern ihre Fragen stellen.

Der Legende nach verließ Apollo die Stadt mit Beginn des Winters und reiste in das Land der Hyperboreer, wo immer Frühling herrschte. In dieser Zeit schwieg das Orakel. Mit der Rückkehr des Frühlings (im Februar), zog Apollo wieder in Delphi ein und das Orakel war wieder erreichbar.

Ab 450 v. Chr. verlor Delphi an Einfluss und mit Beginn der römischen Herrschaft verfiel es immer mehr. Der Tempel wurde von Römern mehrfach geplündert. Die Geschichte des Orakels von Delphi endete mit dem Siegeszug des Christentums im römischen Reich. Kaiser Theodosius I. verbot 391 n. Chr. alle Orakelstätte durch ein Edikt und ließ 398 n. Chr. den Apollo- Tempel zerstören.

Die Totenlehre der alten Ägypter und Tibeter

Die alten Ägypter hatten eine geistige Welteinstellung und waren fasziniert vom Rätsel des Todes. Sie waren sehr vom Erdenleben angezogen, betrachteten dieses aber nur als eine „Einleitung" in das Leben nach dem Tod, ohne dass es irgendwelchen Eigenwert hatte. Sie sagten, dass das irdische Leben kurz und unbeständig sei und fühlten sich von allem was beständig, unerschütterlich und ewig war, angezogen. Da das irdische Leben solche Garantie verweigerte, suchte der alte Ägypter sein Ideal in anderen Ebenen des Daseins, in höheren Welten. Er war sich seiner kosmischen Natur bewusst. Im Jenseits erkannte er den Sieg des Lebens über den Tod. Eine Unterscheidung zwischen Leben und Tod, wie sie uns heute geläufig ist, lag der ägyptischen Welteinstellung sowieso ganz fern. Für einen ägyptischen Eingeweihten war der Tod nur eine Bewusstseinswandlung. Er wusste, dass die Seele nach dem Verlassen des grobstofflichen Körpers eine gewisse Anzahl von Stationen einer „normalen" Entwicklung durchlaufen muss. Mit seinem magischen Wissen und seiner Anwendung bezweckte er etwas anderes: die „normale" Bahn seiner posthumen Existenz bewusst, nach seinem Willen, zu verändern. Wie es in dem „Totenbuch der Ägypter" steht (Seite 17): „ Es war eine raffinierte Technik, deren Spuren seit langem verloren gegangen sind." Ich frage mich, war es nicht etwa die heute als Excalibur-Technik bekannte Technik, die man auf allen Ebenen anwenden kann? Der Toth der Atlanter brachte ägyptischen Priestern auch diese Technik bei (das Buch von Lj.Radtke& A.Blom: „Excalibur-Technik; Die Formel der Schöpfung, Blom Verlag 2007). Man könnte sie, rein theoretisch, auch dafür anwenden, um ein Durchkommen durch alle bindenden Ebenen und den Eintritt in die Ebene des Lichtes zu kreieren.

Die Auflösung des menschlichen physischen Körpers nach dem Tod ist für die materialistische Einstellung von heute die einzige Realität des Todes. Das okkulte, hermetische Wissen von ehemals und das esoterische Wissen von heute sieht die Dinge anders. Der Tod ist nur das erste Glied einer Kette der Wandlungen, welche der menschliche Geist (teilweise auch die Seele) durchläuft, bis er in einer neuen Verkörperung wieder im irdischen Dasein erscheint. Nachdem die Grenze zwischen Leben und Tod, zwischen dem Diesseits und dem Jenseits, aufgehoben ist, erreicht der alte ägyptische Eingeweihte, durch „das Machtwort seines Mundes und Dank seines magischen Willens", Freiheit von allen Notwendigkeiten und die göttliche Allmacht.

Welche Stationen einer „normalen" Entwicklung durchläuft ein Verstorbener? Gleich nachdem die Seele die Todespforte durchgeschritten hat, ist sie geblendet von dem „vollen Lichte des Tages." Nachdem sie das volle Bewusstsein wieder gewonnen hat, ist sie von dem Körper, den sie eben verlassen hat, angezogen und sie kehrt zu ihm zurück. Die Wesen, die beauftragt sind sie zu leiten und zu führen, ziehen sie vom Körper weg und führen sie durch das Land der Finsternis. Hoffnungslose Trauer, Klagerufe und Verwirrung erfüllen die Finsternis. Bei jedem Schritt ist der Weg versperrt. Diese Region ist finster und trostlos. Hier befinden sich die „Feuerseen" und „die Felder des Feuers" wie auch die Regionen, in welchen die verdammten Seelen von den Dämonen gequält werden. Verläst der Verstorbene diese Ebene, wird er vor dem Osiris erscheinen. Osiris ist der „Gütige Gott", der König der Unterwelt allgemein und er bewohnt die Amenti, während der andere Teil der Unterwelt den Namen „Duat" trägt. Da verbindet sich der Verstorbene mit Osiris und erscheint vor einem Richterhof. Die Göttin der Wahrheit und Gerechtigkeit, Maat, gehört zu den zweiundvierzig Richtern. Thoth, der Mondgott, ist als Gerichtsschreiber tätig. Anubis wiegt in einer Waage das Herz des Toten. Muss der Verstorbene infolge dieser Prüfung verurteilt werden, muss er von nun an im Duat verbleiben. Wird er freigesprochen, dann wird er zu einem geheiligten Geiste. Von nun an beginnt für ihn ein göttliches Sein. Er wird frei in allen seinen Handlungen; kann Himmel, Erde und Unterwelt besuchen und Verdammte trösten, Verzweifelten in ihrer Not beistehen und ihnen helfen. Die Auserwählten, die Heiligen und Eingeweihten, müssen die Bürde der kosmischen Regierung übernehmen.

Das wäre eine kurz gefasste Darstellung des ägyptischen Totenbuches. Das Buch gibt genaue Anweisungen, wie man sich nach dem Verlassen des grobstofflichen Körpers verhalten soll, so wie es auch die ganze Weltanschauung der alten Ägypter widerspiegelt.

Schauen wir jetzt, was das tibetische Totenbuch über das Leben nach dem Tod sagt. Es spricht von dem „Bardo", was wörtlich „Zwischenzustand" bedeutet. In diesem Sinne ist „Bardo" ein Zustand, der den Tod eines Individuums mit seiner Wiedergeburt verbindet. Das Buch gibt dem Sterbenden Anweisungen wie er sich verhalten soll, was er meiden und wohin er gehen soll, um die Fallen und Verstrickungen seiner Schwächen zu übergehen und so in die höheren Regionen zu kommen. Außerdem vermittelt es Aufschlüsse über die jenseitige Welt, die sich weitgehend mit den Schilderungen westlicher Jenseitsforscher und okkulten Lehren decken. Auch in diesem Buch wird darüber berichtet, dass die meisten gerade Verstorbenen sich ihres Todes nicht bewusst sind, orientierungslos in der astralen Ebene umher irren und die Plätze ihres irdischen Daseins suchen. Gerade um solchen Wesen zu helfen, sich der eigenen neuen Existenz bewusst zu werden und ihnen Hilfestellungen für das Verhalten im Jenseits zu geben, ist das Buch „Bardo Tödol" geschrieben. Aber nicht nur das. So enthält dieses Buch auch eine Botschaft für jene, die bereits geboren sind, denn Geburt und Tod widerfahren jedermann andauernd. Die Bardo- Erfahrung ist Teil unserer grundlegenden psychischen Struktur. Wir machen im Alltag immer wieder Bardo- Erfahrungen: Erfahrungen der Paranoia und der Unsicherheit im Alltagsleben. Oft wissen wir nicht genau wonach wir eigentlich verlangt haben, in was wir hineingeraten sind, oder es kommt uns so vor, als ob uns der feste Boden unter den Füssen weggezogen würde.

Aus dem Totenbuch der Tibeter, herausgegeben von Francesca Fremantle & Chögyam Trungpa (Welbild Verlag 2002) Seite 23 zitiere ich folgenden Teil:

„Das Buch beschreibt, wie die Erfahrung des Todes in Begriffen der verschiedenen Elemente des Körpers immer tiefer und tiefer vordringt. Körperlich fühlst du dich schwer, wenn das Element Erde sich in Wasser auflöst, und wenn das Wasser sich im Feuer auflöst, dann merkst du, wie der Kreislauf aufhört zu funktionieren. Löst sich das Feuer in Luft auf, dann löst sich auch jedes Gefühl von Wärme oder Wachstum auf; und löst sich die Luft in Raum auf, dann verlierst du das letzte Gefühl eines Kontaktes mit der physischen Welt. Schließlich, wenn sich Raum oder Bewusstsein in das zentrale Nädi auflöst, dann ist da die Empfindung eines innerlichen Lichtes, eines inneren Glanzes, dann hat sich alles ganz und gar nach innen gekehrt."

In jedem Menschen sind fünf Gifte:
1. Begehrlichkeit
2. Zorn
3. Unzucht
4. Stolz
5. Stumpfsinn

84

In jedem Menschen sind fünf Weisheiten:
1. Die Weisheit der Werke
2. Die Weisheit der Entscheidung
3. Die Weisheit des Ausgleichs, die erkennt, dass alle Dinge, auch wenn sie noch so unterschiedlich erscheinen, in ihrem Wesen eins sind.
4. Die Weisheit der Erkenntnis, die das Walten des Gesetzes von Ursache und Wirkung wiedergibt.
5. Die Weisheit des Bereichs der Elemente, die sich der grundlegenden Einheit in der scheinbaren Vielheit bewusst ist.

Die Bardo- Erfahrung geschieht durch sechs Seinsbereiche, durch die wir (bzw. der Geist nach dem er den grobstofflichen Körper verlassen hat) hindurchgehen.

Den ersten Bereich können wir den Bereich der Hölle nennen. Er ist der intensivste. Zuerst kommt es zu einer Steigerung der Emotionen, so dass wir, wenn die Steigerung ihre Höhe erreicht, völlig verwirrt sind und der Geist in einen Zustand der Schrecken und Aggressionen gerät, die er zu bekämpfen versucht. Wie im „Das Totenbuch der Tibeter" (Weltbild Verlag 2002) auf Seite 26 steht:

„…du glaubst, es gebe etwas außerhalb, das du angreifen, bekämpfen oder besiegen könntest. So äußert sich in den meisten Fällen der Hass. Du bist ärgerlich auf irgendetwas und versuchst, es zu zerstören. Im gleichen Moment jedoch wird dieser Prozess selbst zerstörerisch. Er wendet sich nach innen, und du möchtest ihm gerne davonlaufen. Aber dann scheint es zu spät zu sein, du bist der Ärger selbst, und so gibt es keinen Ort, an den du entfliehen könntest. Du quälst dich ständig selbst, und das ist die Entwicklung der Hölle."

Der zweite Bereich ist der Bereich der Hungrigen Geister. Aus dem Zustand des Glanzes wird nicht, wie im ersten Bereich, Aggression sondern heftiger Neid aufgebaut. Hier haben wir das Gefühl von gewaltigem Reichtum, des Sammelns vieler Besitztümer. Da ist alles was man sich wünscht, man braucht nicht mehr danach zu suchen, und das macht noch „hungriger". Das ist ein äußerst frustrierender, ein fundamentaler, unersättlicher Hunger. Zum Beispiel jemand liebt es, zu Essen. Er ist aber so satt, dass er keinen Bissen mehr essen kann. Dann fängt er an zu halluzinieren, wie es ist wenn man kaut, das Essen im Mund schmeckt, schluckt, genießt und verdaut. Und ihn übermannt ein unmäßiger Neid gegenüber denen, die wirklich hungrig sind und essen können. Und dann kommt die Hölle: einige Menschen können nach dem Essen greifen, aber es löst sich in ihrer Hand auf. Oder sie können es in den Mund stecken, aber nicht herunter schlucken; andere wiederum können es schlucken aber sobald es in ihrem Magen ist, fängt es an zu brennen. So verhält es sich mit allem wonach uns hungert. Auch nach Besitztümern. Sobald wir etwas besitzen, hört die Freude auf. Wir bemühen uns dauernd, etwas in unseren Besitz zu bringen, unsere Wünsche zu erfüllen. Etwas zu besitzen, verschafft uns keine Befriedigung. Es bleibt quälender Hunger, der nicht auf der Empfindung von Armut beruht, sondern auf der Erkenntnis, dass wir alles schon haben und es doch nicht genießen können.

Der dritte Bereich ist der Bereich der Tiere. Diesen Bereich charakterisiert die Abwesenheit des Sinnes für Humor. Das wird durch Tiere symbolisiert, die weder lachen noch lächeln können. Freude und Schmerz ist Tieren bekannt. Ein Sinn für Humor und Ironie kennen sie nicht. Das ist ein Bereich, in welchem sich alles auf vorgesehene, geregelte Weise abspielt. Kommt in diese Region etwas Unbekanntes, eine unvorhersehbare Situation, entsteht ein Gefühl von Bedrohung, das sich bis zu Paranoia steigert. Die tierischen Instinkte erwachen, da es um Überleben und Dahinleben geht und so ist dieser scheinbar gesunde und solide Zustand, ein Reich der Tiere.

Der vierte Bereich ist der Bereich der Menschen. Dieser Bereich gründet auf Leidenschaft und dem Drang zu entdecken und zu genießen. Das ist der Bereich des Forschens, des Entwickelns und Strebens nach Bereicherung. An sich wäre das positiv, wenn es kein aber gäbe. Das gibt es eben. Mit diesem Bereich ist die seltsame Art von Misstrauen verbunden, welches die Leidenschaft begleitet und die menschlichen Wesen besonders schlau, durchtrieben und aalglatt macht. So werden alle möglichen Mittel erfunden, um andere aalglatte Menschen einzufangen und diese anderen Menschen entwickeln wiederum ihre Ausrüstung von Anti-Mitteln. So werden immer neue Ursachen für Intrige und Leidenschaft ins Spiel gebracht.

Der fünfte Bereich wird der Bereich eifersüchtiger Götter genannt. Hier gerät der Geist in eine sehr intellektuell bezogene Situation. Der Mensch (der Geist) tendiert dahin, sich umzuschauen und seinem eigenen Schatten zu misstrauen – er fragt sich, ist es wohl der richtige Schatten oder nur der Trick von jemand anderem? Wie im „Das Totenbuch der Tiebeter" (Weltbild Verlag, 2002) auf Seite 31 steht:

„Diesen nennt man den Bereich der Eifersucht oder des Neids, doch geht es dabei nicht um das, was wir gewöhnlich unter Neid und Eifersucht verstehen. Es ist etwas äußerst Fundamentales, bei dem es grundsätzlich um Selbstbehauptung und Sieg geht. Anders als der menschliche oder tierische Bereich, ist dieser Bereich ganz und gar auf die Welt der Intrige ausgerichtet."

Die Seele soll allen Verlockungen, die sie zur Befriedigung der Wünsche und Lüste drängen, widerstehen. Hat sie sich von allen irdischen Gefühlen abgewandt, gelangt sie am Ende des Bardo vor den Herr des Todes. Da steht der Geist vor dem Spiegel seines Schicksals. Es ist seine Erinnerung, die die Kette seiner vergangenen Taten auferstehen lässt und die, in eigenen Begriffen, nach eigener Meinung, das eigene Urteil spricht und sich selbst diese oder jene Wiedergeburt zuteilt. Oder er gelangt in den sechsten Bereich des Bardo.

Der sechste Bereich ist der Bereich der Götter. Das ist die letzte Stufe des Bardo. Wenn der Geist hier aus dem Glanz heraustritt, ist er von Freude erfüllt und möchte diese Freude erhalten. Er wird sich seiner Individualität bewusst, was ihm das Gefühl der Verantwortung zur Selbsterhaltung gibt. Und dieses Gefühl der Selbsterhaltung ist der Zustand des Samadi, des fortwährenden Lebens in Versenkung und Frieden. Das ist eine Berauschung an der Existenz des Ich. Da empfindet man Dankbarkeit für die Bestätigung, endlich zu sein. Der Mensch ist sich seines „Ich" bewusst, bewusst dass er ist. Diesen Bereich zu erreichen, soll das Streben eines jeden einzelnen Menschen sein.

Medialität als angeborene Gabe

Medium zu sein, bedeutet lediglich, dass eine Person imstande ist, Bilder, Szenen und Klänge zu empfangen, die für das normale Auge und Ohr nicht sichtbar oder hörbar sind. Man kann es mit einem Radio- oder Fernsehgerät vergleichen; die beiden Geräte empfangen Wellen von Klängen oder Bildern und Szenen die mit bloßem Auge und Ohr nicht zu vernehmen sind, und trotzdem in unserer Umgebung vorhanden sind. So auch ein Medium.

Ist Medialität eine angeborene Gabe, zeigt sie sich schon in der Kindheit. Meiner Meinung nach sind alle Kinder bis zu einem gewissen Grad medial veranlagt. In frühen Lebensjahren sind wir alle noch eng mit der Astralwelt verbunden. Die Babys verbringen mehr Zeit in der anderen Dimension (im Schlaf) als hier und wenn sie wach lächeln oder vergnügt brabbeln mag es sein, dass sie zum Beispiel ihren Schutzengel oder die leuchtende Aura ihrer Eltern sehen. Auch später, im Alter um drei bis sechs Jahre, ist eine Verbindung mit der jenseitigen Dimension noch immer vorhanden. Es kann vorkommen, dass die Kinder spielen und mit, für die Augen der Erwachsenen unsichtbaren Spielkameraden, sprechen, oder sie sehen die Verstorbenen oder Engelwesen und kommunizieren mit diesen. Manchmal sind diese Wesen nur Einbildung des Kindes, manchmal aber tatsächliche Wesen aus der anderen Welt. Meistens verliert sich mit der Zeit die Gabe, andere Dimension wahrzunehmen, aber sie kann, muss aber nicht, dann wieder in der Zeit der Pubertät zum Vorschein kommen.

Ich erinnere mich eines Ereignisses, das sich zugetragen hat als ich dreizehn Jahre alt war. Wir machten mit unserer Geschichtslehrerin eine Klassenfahrt an geschichtlich wichtige Orte, an denen bedeutende Schlachten geschlagen wurden. Auch wollten wir alte Klöster besichtigen. So fuhren wir zu einem Feld, wo die größte Schlacht in der Geschichte des Landes, vor hunderten von Jahren, stattfand. Während des Kampfes war das Zelt des Anführers des feindlichen Heeres auf einem Hügel aufgebaut worden von wo aus er den Überblick über das ganze Feld und den Kampf, der dort tobte, hatte. Auf diesem Hügel wurde später ein kleines, rundes Gebäude errichtet, das als Zeichen, von wo aus der Kampf am besten überblickbar wurde, diente. Alle meine Klassenfreunde und ich standen um dieses Gebäude herum, als uns die Lehrerin die Geschichte erzählte. Als sie ihren Vortrag beendet hatte, blieben wir für einen Moment alle still. Dann passierte es. Für mich blieb die Zeit stehen. Es wurde alles unheimlich ruhig. Sogar der Wind, der bis dahin unsere erhitzten Gesichter so leicht kühlte, blieb stehen. Es bewegte sich gar nichts und zu mir drang nicht ein einziger Laut, bis ich auf einmal ein unglaubliches Geschrei hörte. Gesehen habe ich nur, dass sich im Feld ein leichter Nebel bildete, der sich ständig hin und her bewegte aber gehört

habe ich Kampfgeschrei, das Klingen der Säbel und das Wiehern der Pferde. Und das in so einer Stärke, dass ich instinktiv
die Ohren mit den Handflächen bedeckte. Nur das nützte mir
nichts. Der Lärm blieb, als ob das alles nur in meinem Kopf
tobte, bis mich meine Lehrerin an der Schulter berührte und
sagte: „Komm endlich, alle sind schon auf dem Weg bergab."
Das Geschrei der kämpfenden Menschen hörte augenblicklich
auf. Um mich herum waren wieder ganz normale Geräusche,
auf dem Feld lag kein Nebel mehr und der Wind wehte weiter. Meine Lehrerin merkte, dass mit mir etwas Besonderes
geschehen war und fragte mich danach. Noch immer voll von
Eindrücken, erzählte ich ihr alles. Ich hatte Glück, dass meine
Lehrerin eine Frau war, die für alles Verständnis hatte und die
sich offensichtlich auch für Übersinnliches interessierte, denn
sie sagte zu mir, dass sie von mehreren solcher Fälle weiß. Viele
sensitive Menschen hatten hier das gleiche Erlebnis wie eben
ich, das war für sie nichts Neues. Wir gingen zusammen bergab,
als ob das was geschehen ist, normal sei. Ansonsten, wenn an
ihrer Stelle ein anderer gewesen wäre als gerade diese meine
Lehrerin, hätte er/sie mich möglicherweise (im besten Fall) als
eine Spinnerin und Lügnerin, die sich wichtig machen wollte,
gekennzeichnet. Und im schlimmsten Fall hätten sie mich für
geistig krank erklärt und meinen Eltern geraten, mich zu einer
Psychotherapie zu schicken.

Erst viele Jahre später, als ich schon erwachsen war und
mich mit Übersinnlichem eingehender befasste, habe ich erfahren, dass es auch Orte gibt, an denen so genannte „Geister
des Ortes" ständig anwesend sind. Das sind meistens Orte und
Plätze von historischer Bedeutung, denen sich das Geschehnis
tief eingeprägt hat. Dort verweilen die Geister der Menschen,
die dort gestorben sind, die das Geschehene wieder und wieder
erleben. Menschen die solche Orte besuchen, empfinden oft die
gleichen Emotionen die, zum Beispiel, während des Kampfes

vorherrschend waren oder sie hören die Geräusche von damals, wie ich bei unserer Klassenfahrt. Der Mensch wird von dem Energiefeld des Ortes eingefangen, und merkwürdige Empfindungen ergreifen von ihm Besitz.

Oft ist die Umgebung eines medial begabten Kindes verängstigt wegen seiner Gabe und versucht alles, um diese Fähigkeit des Kindes im Keim zu ersticken. Meistens wird dem Kind aufgetragen, mit niemandem darüber zu reden was es sieht und hört und alles für sich zu behalten. Genauso werden die Erzählungen des Kindes als seine Phantasie abgetan, ohne sich etwas ausführlicher damit zu befassen. Das alles geschieht aus Angst und Sorge heraus, das Kind könnte psychisch krank sein und dass das alles psychotische Symptome sind. Wird diese Gabe in der Kindheit unterdrückt und kommt sie in der Pubertät wieder zum Vorschein, befürchten die Eltern, dass es sich um eine ernsthafte psychische Krankheit handelt (dass das Kind eventuell schizophren ist) und sie bringen ihr Kind zu einem Psychiater. Ist dieser nicht offen für die außersinnlichen Erfahrungen und erkennt er das was das Kind erlebt nicht als solche, kann es leicht dazu kommen, dass das Kind irgendwelche Psychopharmaka verschrieben bekommt, welche es eigentlich überhaupt nicht braucht. Das was es von den anderen unterscheidet ist keine Krankheit, sondern die Fähigkeit, die andere Realität mit seinen Sinnen wahr zu nehmen.

Wenn man dann später an sich selbst arbeitet, um diese angeborene Medialität zu stärken und weiter zu entwickeln, wird man ein Medium, das gewollt mit der geistigen Welt Kontakt aufnehmen kann und Angaben der geistigen Wesen in eine verständliche Sprache, so zu sagen, „übersetzen" kann. Hat ein junger Mensch so eine Fähigkeit, muss er lernen, damit leben und umgehen zu können. Die Aufgabe eines Mediums liegt darin, auf ehrliche Weise mit der geistigen Welt in Kontakt zu treten und als Vermittler unvoreingenommen beiden Seiten gegenüberzustehen. Es darf nicht verurteilen, egal in welcher Situation sich der Verstorbene wie auch der Verbliebene befindet, wenn er Kontakt mit den Verstorbenen aufnimmt.

Das Wort „Medium" bedeutet im Englischen „in der Mitte, dazwischen." Dem Wort entsprechend ist ein spirituelles Medium ein Vermittler, ein Zwischenglied, eine Brücke zwischen unserer und der geistigen Welt. Ein gutes Medium soll imstande sein, sich mit den Schwingungen seines Gegenübers, wie auch mit den Schwingungen des Wesens, das auf der anderen Ebene ist, zu verbinden. Auf dieser Weise muss es in der Lage sein, das gegenwärtige Leben schildern zu können, wie auch die Beweise für ein Leben nach dem Tod zu erbringen. Obwohl wir alle verantwortlich für unsere Gedanken, Reden und Taten sind, ist diese Verantwortung bei einem Medium noch ausgeprägter, denn es trägt die Verantwortung für beide Seiten. Es soll dem in Not befindlichen Menschen Trost und Hilfe vermitteln und es soll ihm beweisen, dass sein verstorbener Angehöriger oder anderweitig Nahestehender sich nach wie vor der Probleme und Schwierigkeiten des physischen Lebens bewusst ist, jetzt aber glücklich und zufrieden in einer anderen Welt weiter lebt. Um Irrtümer zu vermeiden, erhält das Medium häufig genaue Hinweise von seinem spirituellen Führer oder von dem Verstorbenen selbst, die die Identität des kontaktierten Wesens bezeugen. Oft sind das Namen, Geburts- oder Sterbedaten, sowie besondere körperliche oder charakterliche Merkmale oder irgendwelche ungewöhnlichen Ereignisse aus dem Leben des Verstorbenen. Ein gutes Medium sollte es vermeiden, Fragen an seine Besucher zu stellen. Es sollte sich damit an seinen spirituellen Führer oder an den Verstorbenen wenden. Ist es unsicher oder zweifelt an dem was ihm aus der geistigen Welt vermittelt ist, ergibt das für ihn keinen Sinn, ist es unter Umständen unvermeidlich, sich an seinen Besucher zu wenden und ihm eine Frage zu stellen, um dem Inhalt der Information einen Sinn zu geben.

Obwohl ein geschultes Medium mit der geistigen Welt nach seinem Willen in Kontakt treten kann, geschieht das bei einem ungeschulten Medien manchmal unerwartet und ungewollt, was ihm dann auch Angst machen kann. Deshalb ist die Schulung der eigenen Fähigkeit notwendig, um eben diese Fähigkeit unter Kontrolle zu halten. Es ist zu betonen, dass auch auf diesem Gebiet Wissen Macht bedeutet; Macht über sich selbst, Macht über die eigene Fähigkeit und Macht über die kontaktierten Wesen. Je mehr man über die geistige Welt weiß und in Erfahrung bringt, desto mehr tritt die Angst in den Hintergrund und macht Platz frei für Neugier und Faszination.

Ich muss noch einmal betonen, dass ein vertrauenswürdiges Medium die Verantwortung für sein Handeln sehr ernst nimmt, im Bewusstsein, dass es für jedes Wort das es ausspricht, verantwortlich ist. Alle Durchsagen fließen durch es hindurch und oft kann es gar nicht ermessen, welchen Wert diese Durchsagen für den haben, für den sie bestimmt sind. Trotzdem kann es nicht die Verantwortung dafür der geistigen Welt anlasten. Zwar ist das Medium Empfänger der Botschaft von einem Geistwesen, aber ebenso derjenige, der diese Botschaft deutet und sie mit seinen Worten an den dafür Bestimmten weitergibt, außer wenn er ein Volltrance Medium ist und seinen Körper der geistigen Welt zur Verfügung stellt. Ist es bei vollem Bewusstsein, trägt es, wie schon gesagt, die volle Verantwortung für jedes ausgesprochene Wort. Es richtet sich aber in gleicher Weise an den Absender der Aussage und deshalb ist seine Verantwortung beidseitig gleich groß.

Es ist ganz verständlich und normal, dass jedes Medium am Anfang seiner Tätigkeit Angst verspürt. Selbst wenn wir die Angst vor den kontaktierten Wesen ausschließen (weil wir nicht sicher sind mit wem wir es zu tun haben, mit positiven oder negativen Wesen), kann es trotzdem zur totalen Erschöpfung als Folge vieler Kontakte kommen. Tritt nach einer Seance- Sitzung - der Zustand der Erschöpfung ein, ist das ein Zeichen, dass man es mit einem negativen oder niederen Wesen zu tun hatte. Nur negative Wesen bedienen sich der Energie des Mediums und geben diese, nach der Beendigung des Kontaktes, nicht zurück. Die guten Geister geben immer die für ihre Durchsagen benutzte Vitalenergie des Mediums wieder zurück. Es ist sehr wichtig zu lernen, dieser Gefahr entgegenzuwirken und bestimmte Schutzmassnahmen zu ergreifen. Eine Schutzmassnahme ist es, Objektivität zu bewahren, sich nicht emotional einzulassen und nicht zuzulassen, dass einem das, was man vermittelt, zu nahe geht. Das bedeutet nicht, auf Distanz zu gehen, sondern sich von dem Fall und dem Menschen, den es betrifft zu trennen, einfach nur objektiv zu bleiben. Neben dieser Schutzmassnahme ist es erforderlich festzustellen, mit welchem Wesen man im Kontakt steht und sich, während der Kontaktaufnahme mit den Wesen der anderen Realitäten, magisch zu schützen. Dieser Schutz ermöglicht einem, die ganze Zeit eine positive, spirituelle, emotionale und physische Energie zu halten. Ausführlich werden wir darüber in einem anderen Kapitel sprechen.

Andere Ebenen und die Art der Entitäten, die sie bewohnen

Mit dem Jenseits bzw. mit der anderen Realität, der anderen Welt Kontakt aufzunehmen bedeutet nicht nur mit Seelen der Verstorbener zu kommunizieren. Auch andere Wesen und Wesenheiten, welche wir „Entitäten" nennen, können diejenigen sein, mit welchen dieser Kontakt stattfindet. Diese Entitäten unterscheiden sich vor alledem dadurch, zu welcher Welt, welcher Ebene sie gehören. So zum Beispiel, wenn ein Schamane eine

Seelenreise unternimmt, um sein Krafttier zu treffen, versetzt er sich ins unterste Universum, der Anderswelt, auf die untere Astralebene. Auf dieser Ebene halten sich die Seelen der Tiere auf. Je höher die Ebene ist, desto lichtvoller, gütiger und weiser sind auch die Entitäten die sie bewohnen. Auf diesen höheren Ebenen können wir unsere geistigen Führer, Begleiter und Helfer oder unsere Schutzengel antreffen. Andererseits haben wir auch die Welten, die einzelnen Elementen zugesprochen sind auf Grund der in ihnen vorherrschenden Elemente. Das sind die Welten des Feuer-, Luft-, Wasser- und Erdelementes und in diesen Welten leben auch die Elementenwesen, mit welchen man Kontakt aufnehmen kann. Es bleiben auch noch von Menschen selbst bewusst oder unbewusst erzeugte Entitäten, die angefangen haben ein selbständiges Leben zu führen und mit welchen man auch kommunizieren kann. Aber fangen wir an, eins nach dem anderen zu beschreiben.

Die größte Teilung aller Entitäten können wir auf Grund der moralischen Wertmassstäbe, die übereinstimmen mit den bestehenden Polaritäten, vornehmen. So teilen wir die Entitäten in zwei große Gruppen:

• positive Entitäten und
• negative Entitäten

Positive Entitäten

Zur Gruppe der positiven Entitäten gehören:
alle heiligen Erzengel, Engel, Schutzengel,(die fest mit individuellen Personen verbunden sind und diese Personen durch alle ihre Inkarnationen begleiten) und alle anderen Wesen des Engelreiches.

Das Reich der Engel besteht aus von Gott geschaffenen Wesen, die, wie die Menschheit, das Ziel der Vollendung und Vereinigung mit dem Höchsten Geist anstreben. Engel sind reinere

Wesen als die Menschen und ihre außergewöhnliche Spiritualität befähigt sie dazu, als Vermittler zwischen Himmel und Erde zu wirken. Selbst die niedrigsten Reihen der Engel stehen höher als die nicht initiierten Menschen. Der Einfluss der Engel auf unsere Entwicklung ist sehr groß. Auch im Engelreich besteht eine Engelhierarchie; Seraphim, Cherubim und Throne; Herrschaften, Mächte und Fürstentümer; Erzengel, Engelfürsten und die Engel mit besonderen Aufgaben.

Seraphim, die am weitesten entwickelten Wesen, vermögen uns nur ein Symbol von sich zu vermitteln. Sie stehen für das Feuer der heiligen Begeisterung und weihen ihre Invokationen der Herrlichkeit des Ewigen Schöpfers. Sie meditieren unentwegt voller Liebe über Seine unaussprechliche Herrlichkeit, daher ihr Name, Seraph, der von der hebräischen Wurzel her „Liebe" bedeutet, in dem Sinne, dass die Liebe eine verzehrende Flamme reiner Anbetung darstellt. Durch ihre „Lobpreisungen" erzeugen sie so genannte Sphärenmusik.

Cherubim vermitteln sich auch nur durch Symbole. Sie meditieren über die Weisheit Gottes und strahlen diese Weisheit aus. In ihnen schwingt der Geist der Wahrheit, der alle Bemühungen auf der Erde umhüllt, so dass alle lebenden Wesen nach größerem Wachstum streben.

Die Throne erschaffen die geistigen Gesetze der höchsten Heerscharen. Sie verfügen über eine starke Anziehungskraft, die jeden Pilger in jedem Reich zu seiner wahren Bestimmung führt.

Die Herrschaften wirken als Verwalter des Willens der Throne und werden oft durch ein flammendes Schwert dargestellt.

Die Mächte verkörpern eine hohe spirituelle Reinheit und Aktivität. Sie führen das aus, was von den Herrschaften festgesetzt wurde. Oft werden die Mächte durch einen flammenden Pfeil dargestellt.

Die Fürstentümer üben die macht über Nationen, Regierungen, Königshäuser, Führer und Weltdiener aus. Sie befähigen Nationen, ihre Göttlichen Gaben zu verwirklichen, mit der jede Nation individuell ausgestattet ist. Sie überwachen die humanitären Bestrebungen und die jeweilige Kultur der Nationen.

Die Erzengel sind weit fortgeschrittene Botschafter, die bestrebt sind, ihre Mission zu erfüllen, die ihnen vom Göttlichen Schöpfer anvertraut wurde. Sie sind außerordentlich hoch entwickelte Wesen und können in jedem Rang des Engelreiches stehen aber sie wählten jedoch, Vermittler zwischen den höheren Sphären, den Engeln und Menschen zu sein. Sie stehen an der Spitze der Engelscharen. Die bekanntesten Erzengel, denen auch die Elementenreiche unterstehen, sind: Erzengel Raphael, Michael, Gabriel und Uriel. Dem Erzengel Raphael ist das Element Luft zugesprochen. Er lenkt die Ströme der Heilenergien und unterweist die Heilungsengel im Gebrauch der heilenden Strahlen. Außerdem ist er der Hüter schöpferischer Talente. Dem Erzengel Michael ist das Element Feuer zugesprochen. Oft widmet er sich der Läuterung von Personen, Gruppen oder Orten von Zwietracht und Disharmonie. Er ist kämpferischer Natur. Dem Erzengel Gabriel untersteht das Element Wasser. In der religiösen Literatur ist er als Verkünder großer Aufgaben oder geistiger Anweisungen an auserwählte Erdbewohner beschrieben. Dem Erzengel Uriel untersteht das Element Erde. Oft ist er als Alchemist dargestellt, der jenen die Kräfte zur Erneuerung der erhaltenen Ideen schenkt, die erkennen müssen, wie sie ihre Ziele mit erneuter Hingabe zu erreichen vermögen. Er wird auch mit Kunst, besonders mit Musik, in Verbindung gebracht.

Engel ist der Name für ein Wesen, das fähig ist, das Licht Gottes in alle Gebiete und unter alles Leben auszustreuen, sofern es weniger weit entwickelt ist als es selbst. Sie verrichten viele spirituelle Aktivitäten, zu denen der Mensch keinen Zugang besitzt aber auch ganz viele, die die Menschheit betreffen. In ihren Reihen befinden sich unzählige geistige Diener und Helfer wie auch die Engel der Geburt und des Todes, die der menschlichen Seele behilflich sind bei ihrem Verbleib in der vierten und fünften Dimension, wie auch bei den Vorbereitungen für die erneute Verkörperung.

Die Schutzengel sind die Engel, mit welchen wir am ehesten, bewusst oder unbewusst, in Kontakt kommen. Jedes menschliche Wesen steht unter Beobachtung und Schutz einer bestimmten Gruppe von Schutzwesen. Seinen Schutzengel, der ihn durch alle seine Inkarnationen begleitet, bekommt der Mensch wenn er sich zum ersten Mal im menschlichen Körper inkarniert hat. Neben ihm aber hat er auch noch andere Schutzwesen. Die Entitäten aus dieser Gruppe werden am häufigsten gechannelt.

Zu der Gruppe der positiven Entitäten gehören auch **die Musen,** griechische Göttinnen, die die Künstler inspirieren ihre Werke herzustellen; also, die Musen sind in der griechischen Mythologie Schutzgöttinnen der Künste. Sie sind Töchter des Zeus und der Mnemosyne, der Göttin der Erinnerung. Hesiod legt in seiner Theogonie (76–80, 917 u. ö.) die Zahl der Musen auf neun fest, auch die von ihm genannten Namen werden kanonisch. Allerdings weist er ihnen noch keine speziellen Zuständigkeitsbereiche und Attribute zu, diese werden erst später unterschieden:
• Klio, die Rühmende, ist die Muse der Geschichtsschreibung (Attribute: Papierrolle und Schreibgriffel)
• Melpomene, die Singende, ist die Muse der Tragödie (Attribut: ernste Theatermaske, Weinlaubkranz)
• Terpsichore, die fröhlich im Reigen Tanzende, ist die Muse für Chorlyrik und des Tanzes (Attribut: Leier)
• Thalia, die Festliche, Blühende, ist die Muse der Komödie

98

(Attribut: lachende Theatermaske, Efeukranz)
• Euterpe, die Erfreuende, ist die Muse der Lyrik und des Flötenspiels (Attribut: Aulos, die Doppelflöte)
• Erato, die Liebevolle, Sehnsucht weckende, ist die Muse der Liebesdichtung (Attribut: Saiteninstrument, Leier)
• Urania, die Himmlische, ist die Muse der Sternkunde (Attribut: Himmelskugel und Zeigestab)
• Polyhymnia, die Hymnenreiche (Liederreiche). Sie ist die Muse des Gesangs mit der Leier (kein spezifisches Attribut, manchmal die Leier)
• Kalliope, die mit der schönen Stimme, ist die Muse der epischen Dichtung, der Rhetorik, der Philosophie und der Wissenschaft (Attribut: Schreibtafel und Schreibgriffel)

Die Musen gesellen sich um Apollo, den Gott der schönen Künste, der sie dirigiert und mit ihnen auf dem griechischen Berg Helikon (lateinisch:Parnass) dem Zeus huldigt. Sie werden seit der Antike als göttliche oder genialische Inspirationsquelle für Künstler genannt (es wird von dem Musenkuss gesprochen). Ist einer von der Muse geküsst worden, kann er die schönsten Werke vollbringen. Ursprung dieses Glaubens ist die antike Vorstellung, dass Ideen (das Denken) nicht selbst entwickelt, sondern von Göttern (oder eben Musen) von außen eingegeben werden.

Die Devas, die uns aus Hindu- und theosophischen Lehren bekannt sind, stellen das höchste System der Entwicklung dar, das mit dieser Erde in Verbindung steht. Sie bilden ein Reich, das unmittelbar über der Menschheit liegt, in etwa so wie die Menschheit ihrerseits über dem Tierreich rangiert. Mit einem Unterschied: ein Tier kann sich nur zum Reich der Menschheit weiter entwickeln, einem Menschen aber stehen verschiedene Pfade des Fortschritts offen, von welchen diese Deva- Entwicklungslinie nur eine ist. In dem Buch „Die Astralwelt" von

Charles W. Leadbeater (Aquamarin Verlag, 2008) auf Seite 85, steht über Devas folgendes geschrieben:

„In der Literatur des Ostens wird das Wort „Deva" häufig ganz allgemein auf alle Arten nicht-menschlicher Wesen angewandt, so dass es einerseits große Gottheiten und anderseits Naturgeister sowie künstliche Elementale mit einschließt. Hier soll nur die großartige Stufe der Entwicklung darunter verstanden werden, die wir jetzt betrachten.

Obgleich die Devas mit unserer Erde in Verbindung stehen, sind sie doch keineswegs an diese gefesselt; denn unsere gegenwärtige Kette von sieben Welten als Ganzes ist für sie eine Welt. Ihre Entwicklung vollzieht sich innerhalb eines großartigen Systems von sieben Ketten. Ihre Scharen haben sich bis jetzt hauptsächlich aus anderen Menschheiten im Sonnensystem, teils aus höheren, teils aus niederen als die unsere, rekrutiert, da erst ein sehr kleiner Bruchteil unserer Menschheit bis jetzt die Stufe erreicht hat, auf der es möglich ist, sich ihnen einzureihen. Es scheint aber sicher, dass der Aufstieg einiger ihrer sehr zahlreichen Klassen nie durch irgendeine Menschheit hindurchgeführt hat, die mit der unseren irgendwie vergleichbar wäre. Es ist gegenwärtig nicht möglich, uns von ihnen ein klares Bild zu machen, doch so viel ist sicher, dass das, was als das Ziel ihrer Entwicklung bezeichnet werden kann, beträchtlich höher ist als unser Ziel. Während es der Zweck unserer menschlichen Evolution ist, den erfolgreichen Teil der Menschheit gegen Ende der Entwicklung auf eine gewisse Stufe der geistigen Entwicklung zu heben, ist es das Ziel der Deva- Evolution, ihre vordersten Reihen in derselben Periode auf eine viel höhere Ebene steigen zu lassen."

Es gibt drei Arten von Devas: diejenigen die formlos sind, werden **Arupa Devas** genannt. Sie gehören zu der höheren mentalen Welt und besitzen nur einen Kausalkörper. Diejenigen, die eine Form haben, werden **Rupa Devas** genannt. Sie gehören zu der niederen mentalen Welt. Ihr gewöhnlicher Körper ist ein Mentalkörper aber sie haben auch einen Kausalkörper, mit dem sie sich in die höhere Sphäre begeben. Die dritte Art, die niedrigste Abteilung der Devas, sind Devas der Leidenschaften, die **Karma Devas**. Sie gehören zu der astralen Welt, verweilen in ihrem Astralkörper und um in die höhere Sphäre zu gehen, benutzen sie ihren Mentalkörper, so wie wir unseren Astralkörper benutzen, um in die für uns ersthöhere Sphäre, die Astralebene, zu reisen.

Es gibt aber noch vier allgemein angegebene, erhabene, überlegene, majestätische und großartige Entitäten, die vier **Devarajas**. Das sind die vier geistigen Könige, die über die vier Elementenreiche (Erde, Wasser, Luft und Feuer) und über die in ihnen wohnenden Naturgeister und Elementewesen herrschen. Sie werden oft die „Regenten der Erde" oder „die Engel der vier Kardinalpunkte" genannt. Ihnen werden die vier Himmelsrichtungen zugesprochen und sie werden in der „Geheimlehre" von H.P.Blavatsky als „beschwingte Weltkugel und feurige Räder" bezeichnet. Auch in der Bibel macht Hesekiel einen Versuch, sie zu beschreiben, in der er eine sehr ähnliche Bezeichnung benutzt. Die Devarajas sind es, die als Verwalter des Karmas der Menschen während ihres Lebens auf der Erde wirken.

Die Bezeichnung Deva ist auch gebräuchlich geworden für die Großen Wesenheiten, die bestimmte Arten von Lebensformen auf der Erde hüten und lenken, z.B. Mineralien-, Pflanzen- und Tiergattungen und deren Untergattungen, aber auch Kontinente, Länder, Gebirge und Landschaften, bis hin zu einzelnen Grundstücken sowie Meere, Flüsse und andere Gewässer. Den kleineren Devas der Untergattungen sind die jeweils höheren Devas übergeordnet, diesen wiederum die noch höheren Devas und diesen schließlich die Großen Devas. Die wunderbaren Devas sind sicherlich den Höheren und Höchsten spirituellen Ebenen zuzuordnen. Sie sind auch in großer

Zahl im Pflanzenreich anwesend, von wo aus sie manchmal in Verbindung mit ausgesuchten, hoch spirituell entwickelten Menschen treten.

Ein wirklich vorbildliches Beispiel des Kontaktes mit Entitäten aus der Pflanzenwelt ist der Fall Findhorn Kommune. Sie wurde in den sechziger Jahren von Peter Caddy und seiner Frau Eileen an der unwirtlichen Küste Nordschottlands gegründet. Aufgrund einer spirituellen Botschaft begann Peter Caddy, der zuvor arbeitslos geworden war und vergeblich nach einer neuen Arbeitsstelle gesucht hatte, auf dem unfruchtbaren Boden einen Garten anzulegen. Was zunächst wie ein aussichtsloses Unternehmen erschien, entwickelte sich in nur wenigen Jahren zu einem Erfolg, der Besucher aus aller Welt anzog. Sie kamen, um ein Wunder zu bestaunen: 40 Pfund schwere Kohlköpfe und 2,5 m hohe Fingerhut-Pflanzen. Dieser Erfolg war nicht nur ein Triumph für den biologischen Gartenbau. Vielmehr war dies das Ergebnis einer Zusammenarbeit mit spirituellen Wesen, den Devas. Eileen Caddy hat offen diesen Erfolg der spirituellen Führung der Devas der Pflanzen zugeschrieben. Das wichtigste Element in einem solchen Verhältnis war die Liebe zu den Entitäten, den Pflanzen, die sie gespürt haben, wie sie es in ihren Aussagen jedes Mal betonte. Dies zog allmählich Menschen an, die sich zu den spirituellen Idealen hingezogen fühlten, die diesen Garten hervorgebracht hatten. Daraus entwickelte sich schließlich die Findhorn-Gemeinde. Es sind einige interessante Erlebnisse der Menschen die dort lebten, bezogen auf Devas, bekannt geworden. Manche haben nicht nur ihre Stimmen vernommen, sondern sie auch gesehen. Zum Beispiel hat Robert Ogilvi dort Gott Pan gesehen und mit ihm gesprochen.

Selbstverständlich gehören hierhin auch die hoch spirituell entwickelten Entitäten aus höheren astralen Ebenen, die den Menschen als geistige Führer, Lehrer und Helfer dienen. Diese geistigen Führer und spirituellen Lehrer können Entitäten sein, die schon mal verkörpert waren, wie auch Entitäten, die noch nie einen menschlichen Körper bewohnt haben. Viele bekannte Personen haben von dem Kontakt zu ihren geistigen Führern und Helfern gesprochen und geschrieben. Die ersten schriftlichen Zeilen vom Kontakt mit einer positiven Entität des eigenen geistigen Führers stammen von Sokrates. Er spricht von seinem Daimon, der in seiner Brust verweilt und ihn jedes Mal davon abhält etwas zu tun, was von der göttlichen Ordnung abweicht. Ich übernehme ein Zitat aus dem Buch „Mysterienschulen" von Konrad Dietzfelbinger, Weltbild Verlag, Seite 138:

„…Mir aber ist dieses von meiner Kindheit an geschehen, eine Stimme nämlich, welche jedes Mal, wenn sie sich hören lässt, mir von etwas abredet, was ich tun will, zugeredet aber hat sie mir nie." (I, Apologie,19)

Daimon hat Sokrates durch alle Probleme mit Leichtigkeit und fehlerfrei geführt. Er hat ihn zwar davon abgehalten, etwas zu tun, was moralisch und ethisch nicht in Ordnung wäre, aber er hat ihn nie gezwungen oder ihm eingeredet, was er tun soll oder muss. Für Sokrates war die Stimme, die er hörte etwas Engelhaftes, etwas Göttliches. Er hat diese Stimme nie verheimlicht, sondern teilte meistens seiner Umgebung mit, was sie ihm geraten hat. Später aber hat man aus dem Namen dieser Entität den Begriff „Dämon", der eine negative Bedeutung hat, gebildet. Viele Verfasser christlicher Schriften haben Sokrates kritisiert, dass er mit einem Dämon im Kontakt war, obwohl der Name seines geistigen Führers für ihn selbst ein Symbol des Guten und moralischen Verhaltens war. Auch Plato und Xenophon haben den Ausdruck „daimonion" benutzt. Diesen Ausdruck charakterisiert Cicero als etwas Göttliches (divinum aliguid) und trotzdem ist der Begriff „Dämon" in vielen religiösen Lehren wie auch in der Umgangssprache als Bezeichnung für die Kräfte des Bösen, mit welchen der Mensch es manchmal zu tun hat, erhalten geblieben.

In neueren Zeiten ist Carl Gustav Jung bekannt als der Mensch, der mit seinem geistigen Führer, aber auch mit anderen Entitäten, Kontakt gehabt hat. Schon zu Beginn seiner praktischen Arbeit als Psychotherapeut hat er mit Entitäten, die eine unabhängige Existenz und Verstand hatten, kommuniziert. C.G. Jung hat geglaubt, dass er in solchen Momenten sein individuelles Unbewusstes verlassen und sich mit diesen Entitäten im kollektiven Unbewussten getroffen hat. Er hat eine Technik, in das Unbewusste zu reisen, entwickelt, die erst 1960 bekannt wurde als er seine Autobiographie veröffentlicht hat. Auf solchen Reisen in das Unbewusste hat er auch eine weise, intelligente Entität getroffen, die sich ihm mit dem Namen Philemon vorgestellt hat. Von dieser Entität hat C.G. Jung viel gelernt.

Zur Gruppe der positiven Entitäten kann man auch die Entitäten, die in unserer Zeit unter dem Begriff Sternenvolk (Star People) bekannt sind, zählen. Unter diesem Begriff sind zwei Arten von Entitäten zu verstehen:
1. Kosmische Umherschweifer, Wesen die aus anderen Sonnensystemen stammen.
Sie werden hier, auf der Erde, im menschlichen Körper geboren, beginnen aber sehr früh Interesse für spirituelle Entwicklungen zu zeigen. Ihre Mission auf der Erde ist es, durch ihre verschiedenen Aktivitäten der Menschheit und dem ganzen Planeten zu helfen, sich spirituell zu entwickeln.
2. Die andere Art der Wesen die hierzu gehört, sind diejenigen Entitäten, die in einen schon entwickelten menschlichen Körper eintreten, um ihre Mission auf der Erde erfüllen zu können. Ruth Montgomery hat in ihrem Buch „Strangers among Us" (Fremde unter uns) herausgegeben 1979 diese Wesen Walk-Ins genannt. Sie schrieb: wenn ein Wesen aus nicht irdischen Sphären einen funktionierenden physischen Körper, wegen

Verwirklichung von bestimmten Zielen auf diesem Planeten, zu haben wünscht, und gleichzeitig eine bestimmte Person, die hier im eigenen physischen Körper lebt und diesen verlassen möchte (sterben möchte), besprechen die beiden Seelen auf der höherer Ebene diesen Körpertausch. Das Wesen, das in den physischen Körper hinein schlüpft, übernimmt auch die Erinnerungen der weggegangenen Person, ist aber nicht emotional mit seiner Vergangenheit verbunden. In Augenblicken tiefer mystischer Erfahrung, erinnern sich solche Menschen an ihre Vergangenheit, an das woher sie stammen, und werden sich ihrer Mission auf der Erde bewusst. Vor ihr hat aber in den vierziger Jahren Wilhelm Reich, bekannter Schriftsteller und Psychoanalytiker, auch von dieser Möglichkeit geschrieben.

Diese Wesen betreten den menschlichen Körper am häufigsten in traumatischen Momenten, welche der alte Besitzer des Körpers erlebt, wie Zum Beispiel bei Unfällen, chirurgischen Eingriffen (bei Vollnarkose) und in dem Zustand des Koma. Solche Situationen erleichtern der Seele, die den Körper übernimmt, ihre Integration mit dem Körper und der Persönlichkeit des alten Körperbesitzers. In der ersten Zeit nach dem Übernehmen des Körpers wirkt die Person konfus und desorientiert. Sie zeigt schwächere emotionale Verbindung mit der Familie und oft erlebt sie die Mitglieder der Familie wie ein Fremder. Andererseits löst sie alte Probleme und persönliche Schwierigkeiten mit Leichtigkeit, gründlich und plötzlich. Die Umgebung aber erlebt diese Person als total verändert, was sie auf das traumatische Erlebnis (Unfall, Koma usw.) zurückführt. Nicht selten verändert solcher Mensch seine Gewohnheiten; er ernährt sich anders, zieht sich anders an oder ändert seinen ganzen Lebensstil. Wenn es bei jemandem tatsächlich zu der Körperübernahme von einem fremden Wesen, das aus dem Universum stammt, gekommen ist, ist sein Leben gründlich zum Besseren verändert. So ein Mensch stellt sich neue höhere ethische und spirituelle Ziele und mit allen Fasern seines Selbst strebt er danach, sie zu verwirklichen. Leider möchten sich viele Menschen die davon wissen und in der Vergangenheit eine Situation, die das ermöglicht, erlebt haben, gerne als eine Walk-In Person vorstellen. Ob sie es wirklich sind oder nicht kann man gerade daran erkennen, ob es nach dem Auftreten besagter Situation zur Besserung der Persönlichkeit des Menschen gekommen ist oder nicht. Ist die Person nicht positiv verändert, sondern gar nicht oder sogar negativ, handelt es sich ganz bestimmt nicht um ein Walk-In.

Obwohl die Meinung, dass der Begriff Walk-Ins neueren Datums ist, relativ viel verbreitet ist, ist doch so ein Fall schon in alten heiligen Hinduschriften beschrieben. In einer der ältesten Legenden aus diesen Schriften ist das Leben eines Heiligen namens Tirumal beschrieben worden. Er hat bewusst und absichtlich den Körper eines jungen Schäfers, unmittelbar nach seinem Tod, übernommen. Gott Shiva hat den Jungen in den Himmel emporgehoben, Tirumal aber ist auf der Erde geblieben und hat als dieser Schäfer weiter gelebt. Er hat seine Erinnerungen und sein Wissen übernommen, neben anderem auch die Kenntnisse der Tamil-Sprache, welche er bis dann nicht hatte.

Menschen die glauben, dass sie nicht immer in ihrem Körper waren, dass sie nicht in ihm seit der Geburt verweilen, sind oft unfähig, die alltäglichen Pflichten zu erfüllen und ihren früheren Beruf auszuüben. Sie fangen an, sich ganz der Spiritualität zu widmen und oft werden sie Heiler mit großen übersinnlichen Fähigkeiten, Medien für Jenseitskontakte oder Channeling, wie auch spirituelle Lehrer und Führer einer Gruppe von Nachfolgern. Manchmal erzählen sie ihnen nahe stehenden Menschen, dass sie Engel sind oder dass sie alte Seelen in einer bestimmten Mission auf diesem Planeten sind. Seltener sprechen sie davon, dass sie kosmische Missionare sind, die von den anderen Planeten auf die Erde gekommen sind, um der Menschheit in ihrer Entwicklung zu helfen. Bei solchen Menschen stimmt ihre astrologische Horoskopanalyse nicht mit ihrem Leben überein, denn sie sind nicht mehr die gleiche Person, die an dem Geburtstag in den Körper kam. Wenn man ihnen ein Horoskop erstellten würde und als Geburtsdatum die Zeit der Körperübernahme nehmen würde, würde ein so erstelltes Horoskop zu der Person passen.

Negative Entitäten

Wenn man mit Entitäten arbeitet, stößt man früher oder später an die Kräfte des Bösen und an Entitäten, die als **Dämonen** bekannt sind. In dieser Welt der Polaritäten ist es unumgänglich, dass man mit guten wie auch bösen Kräften in Berührung kommt. Gut und Böse, positives und negatives Prinzip, sind Bestandteile der Schöpfung. Ohne sich in die entgegen gesetzten Polaritäten zu teilen, in Dualität zu treten, wäre es dem Einen unmöglich, sich zu offenbaren. Die Polaritäten Gut und Böse haben ihren festen Platz in allen Religionen der Welt gefunden. Als Kern von allen diesen religiösen Philosophien fungierte die Lehre von dem ewigen Kampf zwischen Gut und Böse in der menschlichen Seele. Sie alle versprechen ihren wahren Gläubigen ewige Rettung, denn irgendwann in der Zukunft werden die Kräfte des Guten siegen. Wir dürfen aber nicht vergessen, dass Gut und Böse, Positives und Negatives nur zwei Pole eines Kontinuums sind und ein Pol ohne den anderen nicht existieren kann. Franz Bardon in seinem Buch „Der Schlüssel zur wahren Kabbalah" (Wuppertal 2002) sagt auf Seite 32:
„Der Kabbalist wird die Vollkommenheit der Gesetze verstehen, er wird erkennen, das Gut und Böse wörtlich genommen nur Religionsbegriffe sind, aber in Wirklichkeit sind beide

Prinzipien, also das negative und positive Prinzip notwendig, da das eine ohne das andere nicht bestehen kann. Dem Guten wird der Kabbalist stets zustreben und das negative Prinzip niemals verachten, sondern lernen, es zu beherrschen, denn vom Schöpfer ist nichts Unnützes erschaffen worden."

Die negativen Kräfte, welchen wir in der Psychotherapie oder der spirituellen Entwicklung begegnen können, können verschiedene Formen annehmen. Manchmal sind sie Produkt der kranken Seele und Imagination und Halluzination eines Menschen, manchmal aber sind sie die Folge der Erscheinung der Archetypen dieser Kräfte. In allen Fällen sind sie in der psychischen und emotionalen Realität einer Person anwesend und wirkend. C.G.Jung hat in der Psychologie den Begriff „menschliche Schattenseite" angeführt und damit das benannt, was ein bewusster Geist (Prinzip des Lichtes) als Böses, Unannehmbares und manchmal auch als Schreckliches ablehnt. Symbolisch sind Gut und Böse durch Licht und Finsternis dargestellt.

Wir haben gesagt, dass die negativen Kräfte verschiedene Formen annehmen können. Manchmal haben sie die Form eines Menschen, manchmal sind sie konzentrierte Masse der Dunkelheit, dann wieder haben sie die Form von schwarzen Wolken, dunklen Flecken, Punkten und Schatten wechselhafter Form, aber sie können sich auch als Furcht erregende Wesen, so wie sie mittelalterliche Alchemisten und Maler darstellten, zeigen. Ihre Anwesenheit kann sich auch bemerkbar machen als unangenehme körperliche Eindrücke; kalte Schwingungen im Körper, plötzliche Windstöße im geschlossenen Raum, starken unangenehmen Geruch von Leichen oder Druck auf den Körper, der von äußerlich unsichtbaren Quellen ausgeübt wird.

Auch diese Kräfte können den menschlichen Körper in traumatischen Situationen übernehmen, was wir dann als Besessenheit kennen. Ein Mensch, in dessen Körper eine dämonische

Energie Einzug gehalten hat, weist auch neben oben genannten folgende Symptome auf: Er hört eine Stimme, die ihn zwingt, etwas zu tun, das nicht im Einklang mit den moralischen und ethischen Gesetzen steht, etwas, was er sonst nie getan hätte. Die Person hat kurzzeitige Bewusstseinsverluste und weiß nicht, was sie in der Zeit getan hat. Es kann vorkommen, dass eine Person im Laufe einer ganz normalen Konversation eine intellektuelle Blockade erlebt und weiter mit einer anderen Stimme, wie in Trance, spricht. Der Mensch kann gehen, sprechen und sich auf eine wunderliche Art benehmen, wie er es bis dahin nie getan hat, als ob er eine ganz andere Person wäre. Er kann sich asozial verhalten, was sonst nicht ihm und seinem Wesen entspricht. Manchmal kann er einzelne Worte, oder sogar ganze Sätze in einer fremder Sprache sprechen oder seine Umgebung ganz böse bespucken und beschimpfen.

Die Dämonen können nicht nur den physischen Körper von Menschen besetzen, sondern auch ihre astralen Hüllen. Wir haben erklärt, was beim Tod des physischen Körpers passiert: die Trennung des astralen und mentalen Körpers von dem physischen, durch das Zerreißen des Bandes, das sie zusammen hält. Das Band zwischen dem Astral- und Mentalkörper bleibt weiter bestehen, so lange das Wesen in der Astralwelt verweilt. Kommt es zu einer erneuten Verkörperung, reißt das Band zwischen dem astralen und mentalen Körper, und das Wesen erlebt dort einen astralen Tod. Ist dieses Band einmal zerrissen, wird der Mentalkörper nicht mehr von dem Astralkörper durch die Eindrücke der astralen Welt ernährt. Jetzt unterliegt der abgeworfene Astralkörper der Zersetzung (wie sich der physische Körper auch nach dem Tod zersetzt). Da der Zersetzungsprozess eines Astralkörpers viel langsamer geschieht als die Zersetzung des physischen Körpers, kann ein Astralkörper, nach unserer Zeitrechnung, noch jahrelang weiter bestehen, ohne dass er von dem betreffenden Geist erhalten wird (der Geist ist schon längst in einem anderen physischen Körper inkarniert). Diese leeren astralen Hüllen (Leichen) nehmen dann gerne Dämonen in ihren Besitz, um mit ihnen ihren Unfug zu treiben. Darüber schreibt Franz Bardon in „Praxis der magischen Evokation" (Rüggeberg Verlag, 2003) Seite 96 Folgendes:

„In zahlreichen spiritistischen Sitzungen erscheinen Astralkörper von Verstorbenen, in denen sich schon lange nicht mehr der Geist des Verstorbenen befindet, sondern die nur noch von einem Dämon beherrscht und bewegt werden. Nur ein gut geschulter Hellseher, der den Astralkörper von dem Mentalkörper mit seinen geistig entwickelten Sinnen zu unterscheiden vermag, ist fähig, die wahre Tatsache festzustellen und aufzudecken. Solche Dämonen halten die Menschen gern zum Besten, treiben mit ihnen Possen und allerhand Spuk. Alle Spuk- und Klopfgeister, Phantome, Schemen und dgl. gehen auf die gleiche Art vor."

Es gibt mehrere Kategorien negativer Entitäten, beziehungsweise, auch zwischen ihnen ist eine bestimmte Hierarchie zu beobachten. Die Wesen, die als niedrigste eingestuft sind, sind auch die zahlreichsten. Ihre Wirkung ist nur störend. Die Wesen der höheren Stufe sind aggressiver. Von denen kommen die Drohungen, sie zwingen einem die paranoiden und selbstmörderischen Gedanken auf. Entitäten höchster Stufe sind sehr perfide und melden sich durch Medien, durch Channeling. Oft stellen sie sich als nicht verkörperten Lehrer aus höchsten spirituellen Ebenen vor, als verstorbene Jogis und Heilige oder als Gottes Boten und kommunizieren mit einer „direkten Stimme" oder durch intuitiv „aufgenommene" Botschaften. Viele haben schon über die Gefahren eines Kontaktes mit solchen Wesen gesprochen und trotzdem möchte ich mich diesen Menschen anschließen und noch einmal betonen: unternehmen Sie keinen Versuch zu channeln oder als Medium zu wirken, bevor

Sie sich nicht selbst gut geschützt und gelernt haben, wie Sie die Wesen, die sich bei Ihnen melden, unterscheiden können! Kontakt mit anderen Ebenen aufzunehmen ist kein Kinderspiel und kann, wenn es nicht richtig ausgeführt wird, böse Folgen haben. Sie könnten selbst besetzt werden oder sich nicht von angerufenen Wesenheiten befreien können. Um einen Kontakt vorzunehmen, müssen Sie dafür geschult und jeder möglicherweise auftretender Situation gewachsen sein. Zu Ihrem Schutz trägt ein nur herunter geleiertes Gebet nichts bei. Sie müssen wissen, wie man sich richtig schützt und wie man das sich meldende Wesen auf seine Zugehörigkeit zum Licht prüft. Haben Sie Kontakt mit einem Wesen des Lichtes hergestellt, wird dieses Ihnen willig und gutgesinnt alle Ihre Prüfungsfragen beantworten und Ihr Vorhaben sogar begrüßen. Im Gegensatz dazu wird ein negatives Wesen versuchen, Sie entweder davon abzubringen ihm die Fragen zu stellen, oder sofort, sobald es sich entlarvt fühlt, verschwinden. Nun, wir werden uns damit mehr und ausführlicher in dem zweiten Teil, der der praktischen Arbeit gewidmet ist, befassen.

Wir haben erwähnt, dass C.G. Jung Kontakt mit einer positiven Entität gepflegt hat. Er hat aber auch Kontakt zu einem negativen Wesen gehabt, das sich ihm unter dem Namen „Ka" vorgestellt hat. Dieses Wesen war böse und dämonisch. Die Kommunikationen mit dieser Entität und seine Erfahrungen mit ihr hat Jung in einem extra dafür vorgesehenen Heft, das er „Das schwarze Buch" genannt hat, gewissenhaft aufgeschrieben.

Die Bezeichnung „Dämon" bezieht sich heute ausschließlich auf eine negative Entität, die den Menschen zum Bösen verleitet. Nach der christlichen Vorstellung sind die Dämonen „Söhne Gottes" was mit der Hermetik übereinstimmt, denn diese Lehre besagt auch, dass das negative Prinzip, genau wie das positive Prinzip, von Gott erschaffen ist. Die christliche Lehre sagt weiter, dass die Dämonen gefallene Engel sind, die sich mit den Töchtern der Menschen vermischten und deshalb von Gott verstoßen wurden. Zu diesem Tun hatte diese Engel der Teufel angestiftet, der damit der Anführer eines großen, dunklen Reiches wurde. Mit den Kräften des Bösen haben auch die Begründer der großen Religionen, wie Buddha, Christus und Mohammed, gekämpft, wie auch viele von ihren späteren Nachfolgern und Heiligen. Dass ein Mensch von diesen Kräften „besessen" sein kann, erfahren wir auch aus der Bibel, wo sogar von den Versuchen des Exorzismus gesprochen wird. So wird im Neuen Testament berichtet, dass Jesus zahlreiche Dämonen ausgetrieben hat, die von einem Menschen Besitz ergriffen hatten. Zum Beispiel im Lucasevangelium (Kapitel11, Vers 14) steht:

„Und er trieb einen Dämon aus, und dieser war stumm. Als der Dämon ausgefahren war, geschah es, dass der Stumme redete. Das Volk aber staunte."

In manchen Büchern kann man ganze Rituale für den Dämonenexorzismus, die vollkommen angegeben sind, finden. Es ist nicht unser Anliegen, uns mit solchen Verfahren zu befassen. Wir wollen nur zeigen, dass es sie schon immer gab und noch heute, in unserer Zeit, gibt. Dazu ein Zitat aus dem Buch „Magie, die geheime Kunst" von Franjo Tebhart (Paragon Verlag), Seite 72:

„Dämonen und Besessenheit heute?

Duma/Indien, Januar 2006: Der Direktor einer Schule in Madhya Pradesh hat einen Magier zum Kampf gegen Dämonen um Hilfe gebeten, die seit einer Woche ausschließlich die weiblichen Schüler heimsuchen. Sowohl die Lehrer der weiterführenden Schule als auch die Eltern der Mädchen erhoffen sich durch spirituelle Reinigungsrituale, dass die unheimlichen Aktivitäten endlich ein Ende nehmen. Der Grund für das Auftreten von Dämonen wird im Standort der Schule gesehen, denn das Gebäude ist an der Stelle eines ehemaligen Krematoriums

112

errichtet worden. Auch der örtliche Hindu-Priester Uma Shastri ist davon überzeugt, dass die Seelen der Eingeäscherten keine Ruhe finden können und von den Körpern der Mädchen Besitz ergreifen. Dadurch sei auch zu erklären, das die Teenager in eine Art Trance fallen, wild umhertanzen und nicht mehr Herr ihrer Sinne wären."

Beschwörung der negativen Entitäten ist heute in der spirituellen Szene auch vertreten, besonders bei Satanisten. Meistens sind das keine in der Magie geschulten Menschen, die einfach versuchen, durch Ausführung bestimmter Rituale eine Wesenheit aus der Sphäre des Bösen zu kontaktieren. Dann soll man sich nicht wundern, wenn jemand von ihnen von diesen Entitäten besetzt wird. Außerdem kann Besessenheit durch Erdgebundene Geister auftreten. Die unwissenden oder böswilligen Seelen besetzen lebende Menschen, um ihr irdisches Leben in ihnen fortzusetzen. Nachdem sie den Körper besetzt haben, üben sie ihre Macht aus, die immer negativ ist. Zu einer Besessenheit, egal durch einen Dämon, ein Elemental oder einen Verstorbenen, kann es nur kommen, wenn der Betroffene in gleicher Weise mit diesen Wesen schwingt. Das bedeutet, der Mensch muss eine gewisse Neigung oder Eigenschaften besitzen, die dem Wesen, das ihn zu besetzen versucht, auch eigen ist. Viele Menschen, die von bösen Geistern besessen sind, enden in psychiatrischen Kliniken und geschlossenen Anstalten. Meistens wird bei ihnen Schizophrenie diagnostiziert, sie werden mit Psychopharmaka voll gepumpt und bleiben bis zu ihrem Tod von Dämonen besetzt. Es ist traurig, dass diesen Mensch nicht geholfen wird indem man versucht, sie von diesen bösen Geistern zu befreien, anstatt sie mit Medikamenten zu behandeln. Das heißt nicht, dass alle Schizophreniekranke besessen sind. Aber einem großen Teil von diesen armen Seelen könnte eventuell durch die Anwendung magischer Vorgehensweisen geholfen werden.

Ich erinnere mich an meine Schulfreundin. Sie ist nicht mehr in dem mir bekannten physischen Körper auf der Erde. Ja, sie hat die Dimension ihres Seins gewechselt und ihre Seele ruht jetzt in der astralen Heimat. Wir waren immer in einer Klasse, in der Grundschule, im Gymnasium und später, als wir beide Mathematik studierten, im selben Semester. Als wir 16- 17 Jahre alt waren, begann ihre Krankheit. Wir standen uns sehr nahe und sie erzählte mir alles was sie unternahm und was sie später quälte. Es fing damit an, dass eine Gruppe junger Menschen, zu welcher sie auch gehörte, etwas von spiritistischen Sitzungen gelesen und beschlossen hat, selbst einiges auszuprobieren. Eines Abends trafen sie sich bei meiner Schulfreundin zu Hause, als diese alleine war. Ihre Eltern waren für drei Wochen verreist. Das war eine gute Gelegenheit, so ein Experiment durchzuführen. Sie hatten weder Planchette noch Ouija-Brett. Sie nahmen ein Blatt Papier und schrieben die Buchstaben und Zahlen darauf. Mit einem Likörgläschen versuchten sie dann Kontakt mit dem Jenseits herzustellen. Das gelang ihnen auch. Sie waren so fasziniert davon, dass sie sich fast jeden Abend bei ihr trafen, um dieses „Spielchen" zu treiben. Bald hat sich aber herausgestellt, dass das kein Spiel, und gar nicht so harmlos war. Natürlich sind es niedere und böse Geistern gewesen, die Kontakt mit dieser Gruppe aufgenommen haben, nur dass die Beteiligten das damals nicht wussten. Ich weiß nicht, ob ihnen die Gefahren solcher Kontakte nicht bekannt waren und sie sie somit nicht ernst nahmen. In jedem Fall hat meine Freundin nie davon gesprochen. Sie versuchte, auch mich für diese Spiele zu gewinnen, aber ich blieb ihnen fern und nahm nie teil an solchen Sitzungen, obwohl sie mir sehr interessant und ausführlich erzählte, mit wem sie alles „gesprochen" haben. Ich muss gestehen: ich hatte Angst davor und ging nie zu ihr wenn sie sich zu diesen Seancen trafen. Nach drei Wochen, als ihre Eltern zurückkamen, hörte die Gruppe damit auf. Sie suchten keinen Kontakt mehr mit Geistern aber die Geister mit ihnen. So wurde meine Freundin immer mehr von ihnen gequält. Sie hörte die Stimmen, die in ihrem Kopf hallten und sie zwangen, jeglichen Unsinn zu treiben. Am Anfang hielt sie stand und gab nicht nach, aber die Stimmen waren immer lauter, immer zwingender und schließlich fing sie auch an, die grotesken Gestalten zu sehen. Sie verfolgten sie, sie bedrohten sie, sie trieben sie zur Verzweiflung und zum Selbstmord. Ich wusste davon, weil sie mir das alles erzählte. Als sie in ihrer Verzweiflung versuchte sich die Pulsader aufzuschneiden, um so diesen Qualen ein Ende zu setzen, brachte man sie in eine geschlossene Anstalt. Sie war neunzehn Jahre alt und wir waren im zweiten Semester des Mathematikstudiums als dies geschah. Das war der Anfang ihres Endes. Ihr Leben entwickelte sich weiterhin in der Anstalt, mit kleinen Zwischenpausen die sie „geheilt" zu Hause verbrachte. Von. Besessenheit sprach keiner. Es konnte auch keiner darüber sprechen, denn es war unmöglich. In der Umgebung in der wir heranwuchsen, glaubten die Menschen nicht an Übersinnliches, an Geister, ans Jenseits, an ein Leben nach dem Tod. Was das schlimmste war, sie glaubten nicht an Gott. Sie waren überzeugte Atheisten und Besessenheit war für sie Hirngespinst. Es war eine physische und psychische Krankheit und basta. So wurde meine Schulfreundin den bösen Geistern und Dämonen ausgeliefert und zur freien Verfügung gegeben, bis sie eines Tages, noch altersmäßig jung, aber gequält und geschwächt als ob sie schon hundert Jahre lebt, diese Ebene und ihren physischen Körper verließ.

Ich erzähle diese traurige Geschichte um zu warnen. Junge Leute zu warnen. Reife Leute zu warnen. Nehmen Sie es nie auf die leichte Schulter und versuchen Sie nie Kontakt mit der geistigen Welt herzustellen, ohne sich vorher zu beschützen. Besonders aber lehnen Sie jeden Kontakt mit niederen und bösen Wesen ab, wenn Sie nicht fähig und geschult sind, diese

LE

auch zu beherrschen. Und seien Sie nicht übermütig und denken Sie nicht: „ich kann sie beherrschen", wenn Sie nicht ein geschulter Magier sind. Lassen Sie sich nicht verführen mit ihren Versprechungen nach einem besseren Leben, erfüllten Wünschen und vermehrtem Reichtum. Der Preis dafür ist zu hoch, nämlich Ihre eigene Seele.

Wenn man das Wort „Besessenheit" hört, assoziiert man sofort das Negative. Und in der Tat ist Besessenheit fast immer negativ aber in einigen, gut dokumentierten Fällen, hat sich herausgestellt, dass der uneingeladene Geist kein böser Geist war, sondern ein guter, der auch gute Absichten hatte.

Bekannt ist so ein Fall unter dem Namen „ der Fall Vennum".

Es geschah im Jahr 1877 im Watseka, Illinois. Das dreizehnjährige Mädchen Mary Lurancy Vennum fiel nach mehreren Krämpfen für mehrere Stunden in einen tranceartigen Zustand, aus welchem sie kein Mensch wecken konnte. Während sie in diesem Zustand war, sprach sie davon, dass sie Engel sehe aber auch ihre früher verstorbenen Geschwister. Kurz danach übernahmen mehrere Geister ihren Körper, die sich mit Namen vorstellten und durch sie sprachen. Ihre Eltern wollten sie schon in eine psychiatrische Anstalt geben, als ihnen ihre Nachbarn rieten, einen bestimmten Arzt aufzusuchen, der auch ihre Tochter Mary, die ähnliche Symptome wie hellseherische Fähigkeiten hatte, geheilt hat. Sie holten den Arzt Dr. Stevens aus dem anderen Ort. Als er am 1.2.1878 eintraf, herrschte in dem Körper des Mädchens eine verschrobene Alte namens Katrina Hogan. Dem Doktor gelang es, aus ihr ihre persönliche Geschichte zu holen und bald danach kam ein junger Mann zum Vorschein. Die Geister wechselten sich ab, bis sich der Geist von Mary Roff in ihr einniesstete. Frau Roff war anwesend als ihre Tochter sich meldete und zu ihr sprach. Weiter zitiere ich Paul Roland „Geister" (Tosa Verlag 2008) Seite 114:

116

„Am nächsten Tag verkündete „Mary" ihre Absicht „nach Hause" zu gehen, womit sie das Haus der Roffs meinte. Das war Mr.Und Mrs. Vennum natürlich peinlich, die nicht wollten, dass ihre Tochter von Nachbarn „adoptiert" wird, doch in ihrem damaligen Geisteszustand konnte man kaum behaupten, dass sie noch ihre Tochter war. Nach langem Hin und Her erklärten sich die Vennums bereit, ihrer Tochter ihren Willen zu lassen.

Unterwegs kamen sie am alten Haus der Roffs vorbei, wo deren Tochter gestorben war und „Mary" bestand darauf, dorthin zu gehen, doch man überzeugte sie davon, dass dies nicht mehr das Heim der Familie war. Im neuen Haus freute sich „Mary" über ihr altes Piano und schien die Verwandten, die sie begrüßten, zu erkennen. Natürlich beweist das gar nichts. Lurancy könnte gemogelt haben, um Aufmerksamkeit zu erhalten. Jeder hätte das alte Haus der Roffs erkennen können, da damals jeder seine Nachbarn und die Geschichte der Stadt kannte. Auch beim Piano hätte man mit einiger Wahrscheinlichkeit annehmen können, dass es schon einige Jahre in der Familie war und im alten Haus einen Ehrenplatz hatte.

Doch sogar die skeptischsten Zeugen waren erstaunt, als „Mary" ihre alte Lehrerin in der Sonntagsschule mit deren Mädchennamen begrüßte, den Lurancy nicht wissen konnte. Fasziniert überschüttete die Familie „Mary" mit einer Fülle persönlicher Fragen, die scheinbar unbedeutende Ereignisse in ihrer Kindheit betrafen und wo auch der einfallsreichste Betrüger nichts hätte vortäuschen können. Sie stellte sie in jeder Hinsicht zufrieden. Sie erinnerte sich sogar an Details aus Familienurlauben und kannte den Ort, an dem ihr Hund gestorben war. Am erstaunlichsten aber war, dass sie den genauen Wortlaut der Botschaft kannte, die ein Medium von Mary viele Jahre zuvor bei einer Seance übermittelt hatte.

In den Wochen darauf erkannte sie persönliche Gegenstände, die ihr gehört hatten, die Mr. und Mrs. Roff unauffällig deponiert hatten, damit sie sie identifizierte, doch „Mary" tat mehr als das: Sie ergriff sie erfreut und erzählte irgendetwas in Zusammenhang mit dem Gegenstand, was ihre Eltern verifizieren konnten. Das war offensichtlich mehr als bloß eine bemerkenswerte Leistung. Es war ein Phänomen, ein seltenes Beispiel für eine gutartige Besessenheit, die manchen Fällen von Wiedergeburt ähnelte, bloß das Mary Roff erst gestorben war, als Lurancy ein kleines Kind war."

Als sie in das Haus der Roffs ankam, kündete sie an, dass sie Lurancys Körper drei Wochen benutzen und dann zurück in die geistige Welt gehen wird, was sie auch tat. Lurancy wurde danach frei von Besetzung durch Geister. Sie hat geheiratet aber „Mary" hat ihr noch einmal geholfen und zwar als sie ihr Kind zur Welt bringen sollte, indem sie sie in tranceartigen Zustand versetzte, so das sie keine Schmerzen empfand.

Inccubi und Succubi sind auch böse Entitäten. Ein Inccubus ist eine schmarotzerhafte Entität männlichen und Succubus weiblichen Geschlechtes. Das sind dämonische Astralwesen, die zu den Vampiren zählen. Nach den okkulten Schriften liegt in ihrer Entstehung eine große Tragik. Jeder Mensch der durch Entzug seiner Lebenskraft durch einen Inccubus oder Succubus ums Leben gekommen ist, ist gezwungen, auf der Asrtralebene sich in gleicher Weise am Leben zu erhalten. Er wird selbst zu einem Inccubus oder Succubus. In den mittelalterlichen Schriften galten Succyben als Hexen, die nachts mit Männern Geschlechtsverkehr hatten, weil sie dadurch die Potenz der Männer schwächen und ihnen Lebenskraft entnehmen wollten. Inccuby waren die Teufel, die nachts die Frauen aufsuchten und mit ihnen Sex hatten und sie auch sonst zu unmoralischen und unethischen Taten verführten. Sie sind, ihrer Natur nach, wie wir schon sagten, Vampire, astrale Körper Verstorbener, selten aber auch lebender Menschen, die ihre Existenz durch die Entnahme der Energie ihrer Opfer, verlängern. Sie können nicht ein tugendhaftes menschliches Wesen besetzen, sondern nur eines in dem seine tierische Natur dominiert und welches zahlreiche schlechte Eigenschaften hat. In solchen Menschen erwecken und verstärken sie Leidenschaften und Gier und produzieren schädliche schlechte (böse) Gedanken.

Oft werden die Menschen von Elementalen in Besitz genommen, die sie selbst unbewusst erschaffen haben. Solche Elementale saugen die ätherische Substanz des Menschen aus, um ihr eigenes Leben im ätherischen Doppel der grobstofflichen Welt zu verlängern. Obwohl sie nicht Dämonen sind, sind sie doch Vampire, dessen „Blutsaugen" eigentlich saugen von Äthersubstanz des Menschen ist. Leider kann sich auch ein Mensch wie ein Vampir verhalten, indem er unbewusst die Lebenskraft eines anderen Menschen absaugt. Der große Mystiker und Magier Daskalos erzählte dem Schriftsteller Kyriakos C. Markides von zahlreichen solchen Fällen, die sich auf Zypern ereigneten. So erwähnte er, dass die Anstalten auf Zypern voll von jungen Männern sind, die dort landeten, nachdem sie mächtige Elementale durch besessenes Masturbieren über dem Bild einer Frau erschaffen haben. In dem Buch vom gleichen Schriftsteller „Magus von Strovolos" (Schirner Verlag, Darmstadt 2004) beschreibt er auf Seite 257 einen Fall, den Daskalos gelöst und ihm darüber erzählt hat. Der Fall ist sehr interessant und deshalb zitiere ich es im Ganzen:
„Vor dreißig Jahren war ich auf einer Reise auf dem Peloponnes in Griechenland. Ich verbrachte dort einige Tage in einer Stadt, in der ein Mädchen unter einem ernsten psychologischen Problem litt. Ich wurde gefragt, ob ich helfen könne. Sie war ungefähr 25 Jahre alt und allein stehend. Ein Schäfer, 25 Jahre älter als die junge Frau, verliebte sich in sie und hielt bei ihren Eltern um die Hand der Tochter an. Sie lehnte seinen Antrag ab.

Der Schäfer – Loizos hieß er- starb bei einem Autounfall. Fünf Jahre vergingen nach seinem Tode, ohne dass etwas geschah. Aber eines Tages behauptete die junge Frau, dass sie, als sie ihre beiden Ziegen versorgte, Loizos gesehen habe, der sie rief. Erschreckt rannte sie nach Hause. Er folgte ihr. „Du bist tot. Was willst du von mir?" rief sie ihm zu. Während sie das noch rief, fühlte sie sich auf einmal sehr müde und schläfrig, und setzte sich unter einen Ölbaum. Er hatte sie hypnotisiert. Die junge Frau vertraute mir an, dass sie unter jenem Ölbaum zum ersten Mal in ihrem Leben sexuelle Lust erlebt hatte. Bei einer Untersuchung stellte sich heraus, dass sie noch jungfräulich war. Drei Tage nach dem Zwischenfall besuchte der Verstorbene sie zu Hause. Er kam in der Nacht durch die Wand herein. Sie gewöhnte sich daran, dass er sie körperlich liebte. Als sie wieder untersucht wurde, war sie entjungfert. Der Arzt jedoch stellte fest, dass sie nicht von einem Mann, sondern von ihren eigenen Fingern defloriert worden sei. Ich bemerkte an ihrem Hals rötliche Flecken. Ich fragte sie danach. „Er küsst mich da, aber das sind besondere Küsse. Es fühlt sich an, wie wenn er saugt, und das macht mir Spaß," antwortete sie.

Ich blieb über Nacht im Hause der Familie. Er tauchte nicht auf. Auch nicht in der zweiten Nacht. Aber am späten Nachmittag des dritten Tages sah ich ihn vom Obstgarten her kommen. Als er das Haus betrat und mich bemerkte, benahm er sich, als kennen wir uns schon seit Jahren. „He, Freund Loizos", sagte ich, „weißt du eigentlich, in welcher Situation du dich befindest?" Er erklärte mir, dass er sich seit Jahren nach der jungen Frau verzehrt hatte und dass er nie sexuellen Kontakt mit einer Frau gehabt habe. Die einzigen Sexualkontakte, die er bisher erlebt hatte, waren mit Tieren wie Eseln, Ziegen und sogar Hühnern, die nach dem Akt starben. Nun, da sie die seine geworden sei, wolle er sie auch besitzen und nicht mehr von ihr ablassen. Ich versuchte ihm klarzumachen, dass er nicht

120

am Leben sei wie wir anderen. Er konnte das nicht verstehen. „Wovon redest du, Mann?" protestierte er. „Ich rede schließlich mit dir, verdammt noch mal, und du willst mir weismachen, dass ich nicht lebendig bin?" Der Exorzismus half in diesem Falle nicht, denn er fürchtete sich nicht vor dem Kreuz. Er war, wenn wir so wollen, ein unmoralischer Gläubiger. Jesus akzeptierte er. Also war es notwendig, dass wir ihn mit logischen Argumenten überzeugen, dass er zu verschwinden hatte. Zum Glück hatte ich damit Erfolg. „Ich gehe dann" versprach er zu mir, „und ich werde nicht zurückkehren. Aber ich will nicht sterben." „Wenn du diese Frau weiter belästigst, wirst du in deinem narkotischen Zustand bleiben, wie ein Vampir", warnte ich ihn. Er drehte sich um und ging davon. Die Hunde auf dem Hof spürten, dass er vorbeikam, und fingen an zu bellen. Als der Priester und Arzt mich fragten, was vorgefallen sei, vermied ich es, ihnen die volle Wahrheit zu sagen, weil ich annahm, dass sie mir wahrscheinlich ohnehin nicht glauben würden."

Weiterhin erläutert Daskalos die Unterschiede zwischen Engeln, Dämonen und Elementalen, die die Menschen erschaffen. So sagt er, dass die Menschen Elementale erschaffen können, die sowohl engelhaft als auch dämonisch sind. Der Mensch hat die Freiheit, die beiden Arten zu erzeugen. Ein Erzengel kann nur engelhafte Elementale erschaffen, mit Ausnahme Luzifers, der nur Dämonen erschaffen kann. Der Mensch kann mit Dämonen rechten, aber nicht mit Engeln. Ein Engel wirkt als unerschütterliches Gesetz und kein Engel wird von seinem göttlichen Ziel abweichen. Ein Dämon kooperiert mit den Menschen und kann auch eine menschliche Gestalt annehmen. Ein Engel aber nimmt sehr selten Gestalt an, sondern bleibt die meiste Zeit als Macht. Aber die beiden, Engeln und Dämonen befinden sich nicht im Konflikt, sondern sie arbeiten zusammen. Sie beziehen im Unterbewusstsein einzelner Menschen verschiedene Positionen, um den Menschen die Bedeutung von Gut und Böse zu erschließen. So lehrt uns Daskalos.

Wesen der Elemente

Die Wesen der Elemente können den beiden großen Gruppen angehören, denn es gibt positive wie auch negative Entitäten, die in den Welten der vier Elemente leben. Jedes Element hat zwei Polaritäten, die aktive und die passive und dem entsprechend wirkt es auch zweifach: aufbauend (schaffend, erzeugend) und zersetzend (vernichtend). Oft bewerten wir Menschen die Entitäten, deren Aufgabe es ist aufbauend zu wirken, als positiv und die Entitäten deren Aufgabe es ist zerstörend zu wirken, als negativ, obwohl die zersetzende Wirkung in der Natur auch notwendig und auf eine Art positiv ist. Religionen haben stets der aktiven Seite (positiven) das Gute und der passiven (negativen) das Böse zugeschrieben. Im Grunde genommen gibt es kein Gut und Böse, da dieses menschliche Begriffe sind. Im Universum ist alles nach unwandelbaren Gesetzen erschaffen, in welchen das göttliche Prinzip offenbart wird. Die Entitäten die die vier alchemistischen Grundelemente bewohnen, (also die Elemente Feuer, Luft, Wasser und Erde) haben keine festen Körpern so wie wir Menschen, aber sie haben eine bestimmte Form, die jedem Element eigen ist. Sie sind nie Mitglieder eines Menschengeschlechtes wie dem unsrigen gewesen und sie werden nie auf dem für sie normalen Entwicklungsweg ein Mensch werden. Ihr Entwicklungsweg ist ganz anders als unserer und die einzige Gemeinsamkeit mit uns besteht darin, dass wir alle auf demselben Planeten wohnen. Das sind intelligente Astralwesen, die sich in jedem dieser Elemente aufhalten und funktionieren. Charles W. Leadbeater beschreibt diese Wesen in seinem Buch „Die Astralwelt" (Aquamarin Verlag, 2008)

122

auf Seite 80 wie folgt:

„Sie sind von mannigfacher, verschiedenartiger Gestalt, doch ähneln sie meistens der menschlichen Form, nur sind sie kleiner als diese. Wie fast alle Bewohner der Astralebene können sie beliebig jede äußere Erscheinung annehmen; aber unzweifelhaft hat jeder seine eigene Gestalt, gleichsam seine Lieblingsgestalt, wenn er nicht einen speziellen Grund hat, eine andere anzunehmen. Unter gewöhnlichen Umständen sind sie für das physische Auge nicht sichtbar, aber sie haben die Fähigkeit, sich bis zur Sichtbarkeit zu materialisieren, wenn sie gesehen werden wollen."

Die große Mehrzahl dieser Wesen hat von sich aus gar kein Interesse, mit Menschen in Kontakt zu treten. Es scheint, dass sie es vorziehen, die Menschen ganz zu meiden. Anderseits gibt es auch Beispiele, dass sich Elementewesen mit Menschen sogar angefreundet haben und ihnen Dienste erwiesen, soweit es in ihrer Macht stand, was allerdings verhältnismäßig selten ist. Eher sind sie gleichgültig gegenüber Menschen, wenn sie nicht sogar Abneigung verspüren. Manchmal macht es ihnen auch boshafte Freude, Menschen zu täuschen und ihnen irgendwelche Possen zu spielen oder sie in ihren Bann zu schlagen, so dass solche Opfer während dieser Zeit nur das sehen und hören was ihnen diese Wesen einprägen. In der Täuschung der Sinne sind sie wahre Meister. Eines ist allen diesen Wesen der Elemente gemeinsam: keiner von ihnen besitzt eine dauernde, sich wieder verkörpernde Individualität. Wenn ihr Leben aufhört, hört auch ihre Individualität mit dem Körper auf. Ihre Lebenszeit in den verschiedenen Elementenreichen variiert von sehr kurz bis viel länger als unsere menschliche Lebenszeit.

Ein Adept weiß genau, wie er sich Dienste der Elementewesen zunutze machen kann, wenn er ihrer bedarf. Ein einfacher Magier kann ihren Beistand nur durch Rituale der Anrufung (Invokation) oder der Beschwörung (Evokation) erlangen.

Das Element Feuer, wie auch alle anderen Elemente, wirkt sich nicht nur auf unserer grobmateriellen Ebene aus, sondern in allem was erschaffen wurde. Die Grundeigenschaften des feurigen Prinzips sind die Hitze und die Expansion (Ausdehnung). Das Prinzip des Elementes Feuers ist in allem was erschaffen wurde tätig und latent, also im ganzen Universum, den sichtbaren wie auch den unsichtbaren Welten, vom kleinsten Sandkorn angefangen bis zum höchsten Geschöpf.

Die Wesen des Elementes Feuer sind **Salamander.** Sie haben verschiedene Formen, denn es gibt auch verschiedene Salamander-Familien. Zum Beispiel gibt Paracelsus in seinem Buch „Philosophia Occulta" an, dass sich manche Salamander in Form von Feuerkugeln oder Feuerflammen zeigen, die sich sehr schnell über Felder oder in Häusern bewegen. Die Menschen können schwer mit ihnen kommunizieren, weil alles was mit ihnen in Kontakt kommt, zu Asche wird. So laut Paracelsus.

Laut der hermetischen Lehre kann ein Magier auch Wesen des Feuers (wie alle anderen auch) auf eine bestimmte Art evozieren und mit ihnen in Kontakt treten. Evoziert der Magier das Wesen des Königs bzw. Herrschers des Elementes Feuer und beherrscht er es, kann er mittels seiner Hilfe durchschlagende Erfolge in allen anderen drei Reichen erzielen. Von ihm kann er alles in Erfahrung bringen, was sich durch das reine Element Feuer auf magische Art erreichen lässt. Auch der Kontakt mit anderen Vorstehern der Wesen des Elementes Feuers sind vorteilhaft für den praktizierenden Magier. (Den genauen Vorgang der magischen Evokation beschreibt Franz Bardon in seinem Werk „Die Praxis der magischen Evokation" Rüggeberg Verlag).

Das Element Luft hat eine vermittelnde Rolle zwischen dem aktiven Element Feuer und dem passiven Element Wasser. Es stellt, als ein neutrales Element, sozusagen das Gleichgewicht zwischen den beiden anderen her. Das luftige Prinzip hat in seiner Vermittlerrolle vom Feuer die Eigenschaft der Wärme und vom Wasser die der Feuchtigkeit angenommen. Ohne diese zwei Eigenschaften wäre das Leben undenkbar. Diese zwei Eigenschaften verleihen dem Luftelement ebenfalls zwei Polaritäten. In der positiven Auswirkung ist das die Leben spendende und in der negativen die vernichtende Polarität.

Jedes Element bildet ein eigenes Reich auf der Astralebene, eine eigene Welt mit allen Wesen, die in ihr leben. Wesen, die in dem Element Luft leben, heißen **Sylphen** und sind Luftgeister. Dazu gehören auch die **Waldgeister, Elfen und Feen.** Sie haben eine menschliche Form. Je nach dem, welchen Aspekt des Elementes sie ausleben und aus welchem Aspekt, dem positiven oder negativen, sie stammen, können sie den Menschen gegenüber gut gesinnt oder böse sein. Diese Wesen stellen sozusagen die Verbindung zwischen der Astralebene und den irdischen Elementen dar. Für einen angehenden Magier ist es von besonderer Wichtigkeit, die Elemente zu beherrschen. Abgesehen davon, dass diese Wesen sehr scheu sind, sind sie den Menschen auch nicht immer gewogen. Es ist sehr schwer sie zu bezwingen, und ein tüchtiger Magier muss sich schon stark bemühen, um sie beherrschen zu können.

Wie alle anderen Elemente ist auch *das Element Wasser* aus Akasha, dem Ätherprinzip, entstanden. Seine Grundeigenschaft ist die Kälte und das Zusammenziehen, also zwei Eigenschaften die absolut entgegengesetzt den Eigenschaften des Elementes Feuer sind. Auch dieses Element hat zwei Pole: den aktiven bzw. positiven und den passiven bzw. negativen Pol. Der aktive Pol ist der Leben spendende, ernährende, aufbauende und erhaltende. Der passive ist der zersetzende, gärende, zerlegende und zerteilende Pol. Die Elemente Feuer und Wasser sind die zwei Grundelemente, aus welchen alles erschaffen wurde. Das sind zwei gegensätzliche Pole und der eine könnte ohne den anderen nicht bestehen. Das Feuerprinzip könnte laut Schöpfungsgesetz nicht bestehen, wenn es nicht in sich einen Gegenpol, das Wasserprinzip, hätte.

Die Wesen des reinen Elementes Wasser sind **Nixen und Undinen**. Sie sind dem Volksmund bekannt als Wasserjungfrauen und Wassermänner. Ihr Reich befindet sich auf der Astral- Ebene, wo sich auch die Reiche der anderen Elemente befinden. Diese Wesen stellen so zu sagen die Verbindung zwischen der Astral- Ebene und den irdischen Elementen her. Jedes Element hat positive und negative Wesen, die die aktive oder passive Polarität des Elementes darstellen, so dass man z.B. sowohl von guten als auch von bösen Nixen sprechen kann. In der Wirklichkeit gibt es weder Gut noch Böse, sondern eine Gattung der Wesen hat gute, die andere wieder nach menschlichem Ermessen schlechte Einflüsse und somit rufen sie positive oder negative Wirkungen hervor. Das Walten und Wirken des Wasserelementes in der Astralsphäre ruft das astral- magnetische Fluid hervor, so wie das Walten und Wirken der Feuer- und Luftelemente in der Astralsphäre das astral- elektrische Fluid hervorrufen. Dieser Fluide bedienen sich die Wesen des Elementes, um die Ursachen auf unserer grobmateriellen Welt zu schaffen indem sie sie so stark verdichten, dass sie sich auf dieser Ebene realisieren. Ein Elementewesen kann nur mit einem ihm zugehörigen Element und Fluid arbeiten, ein Mensch dagegen kann mit allen Kräften und Elementen vertraut werden und diese sogar beherrschen. Obwohl die Elementewesen sehr lange Leben (einige hunderte, bis zu tausend Jahre) hört ein Elementewesen durch den Tod zu existieren auf. Es besitzt einen sterblichen Geist und beim Tod löst es sich in seinem Element auf. Der Mensch besitzt aber einen individuellen unsterblichen Geist. Bei seinem Tod zersetzt sich sein Körper in alle vier Elemente, durch deren Wirken er auch entstanden ist, aber sein Geist bleibt ewig lebendig erhalten. Ein Adept Magier ist imstande durch besondere magische Praktiken ein Ein- Elementewesen zu einem Vier- Elementewesen umzubilden und ihm einen unsterblichen Geist einzuverleiben, aber das macht man höchst selten und niemals ohne triftigen Grund, denn diese Handlung hat der Magier alleine zu verantworten. Die Nixen und Undinen haben auch menschliche Form und sind von besonderer Schönheit, so dass ein Magier große Mühe einbringen muss, um nicht von diesen Wesen beherrscht zu werden, was, gerade wegen ihrer Schönheit, sehr leicht passieren kann. Dabei muss er stets daran denken, dass er ein Wesen, ganz gleich welchen Ranges und aus welcher Sphäre es stammt, beherrschen aber ihm niemals unterliegen soll.

Das Element Erde ist aus Wechselwirkungen der anderen drei Elemente entstanden. Durch seine spezifische Eigenschaft, die der Erstarrung, schließt es alle drei anderen Elemente in sich ein. Gerade durch diese Eigenschaft ist dem Wirken der anderen drei Elemente eine Grenze gesetzt worden, so wie ihnen auch eine konkrete Form verliehen wurde. Durch das Wirken des Elementes Erde ist Raum, Maß, Gewicht und Zeit entstanden. Alle anderen Elemente sind in diesem vierten wirksam. Diesem Element sind die langsamsten Schwingungen des Lichtes, wie auch der höchste Grad der Dichte eigen. Die spezifische Eigenschaft der Erde ist die Dichte und die Schwere, die man auch spüren soll, falls man mit diesem Element arbeitet. Seine Farbe ist ocker- gelb, grau oder schwarz.
Wie jedes Element hat auch das Element Erde seine Bewohner bzw. Wesen des Elementes. Das sind **die Gnome, Elfen, Kobolde oder Zwerge**, die in dem reinen Element hausen und aus ihm Energie, die sie für ihr Bestehen nötig haben, beziehen. Diese Wesen sind, entsprechend dem Element, farbig abgestimmt, ocker oder grau und verrichten bestimmte Arbeiten und Auf-

gaben, die dem Element eigen sind. Die Erdwesen können gut wie auch böse sein und verfügen über besondere Fähigkeiten und Zauberkräfte. Die Zwerge sind meistens Menschen gegenüber hilfreich und gut gesonnen. Die Trolle und Kobolde sind dagegen böse und gefährlich. Gnome sind Hüter der Schätze in der Erde: Erze, Gold und Edelsteine. Je nach dem welchen ihrer Herrscher man kontaktiert, kann man vieles über die okkulte Bedeutung der Steine, der Naturmagie, der Wirkung und Verarbeitung von Kräutern zu Heilmitteln usw. erfahren.

In einigen magischen Schriften ist darüber geschrieben, dass die Wesen der Elemente, durch die Liebe und Ehe mit einem Menschen, Unsterblichkeit erreichen können. In diesem Sinne sind besonders die Wesen des Elementes Wasser für die Menschen sehr anziehend, aber es kann auch zu einer Liebesbeziehung zwischen einer Fee und einem Menschen kommen. Man sagt, dass die Kinder aus einer solchen Ehe eine erhobene und charismatische Natur haben, und oft Helden werden. Man hat geglaubt, dass manche der berühmtesten Persönlichkeiten des Altertums und Mittelalters, wie Zoroaster, Herkules, Alexander der Große oder der Zauberer Merlin, Kindern aus solchen Ehen waren. Die Beziehung von Menschen mit einem Wesen der Elemente birgt in sich eine große Gefahr, weil der Mensch durch dieses Verhältnis seine göttliche Natur und die Unsterblichkeit der Seele verlieren kann. Selbst in den Bann des Elementes gezogen, könnte er zu so einem Wesen des Elementes werden.

Selbst erschaffene Entitäten

Ein Magier kann willentlich bewusste und weniger bewusste Entitäten erschaffen, die ein ganz, teilweise oder gar nicht selbständiges Leben führen können, je nach dem, mit welchem Ziel sie erschaffen wurden und ob sie sich der Kontrolle des

Magiers entzogen haben oder nicht. Aber nicht nur Magier erschaffen solche Wesen. Auch ganz gewöhnliche Menschen, ohne jegliche magische Kenntnisse, erschaffen manche Entitäten unbewusst entsprechend ihrer Leidenschaften, Begierden oder sehr starken Emotionen (negativen Eigenschaften und dem Bösen in sich, wie es zum Beispiel Furcht, Kummer, Sorge, Hass, Geiz usw. ist), die dann in ihrer Aura haften bleiben und meistens ihre Erzeuger stören und belästigen.

Die Mehrheit der Menschen ist sich der Existenz der Entitäten in ihrem energetischen Feld nicht bewusst und sie wissen auch nicht, wie es zu ihrer Entstehung gekommen ist oder wann und wie sie in ihr energetisches Feld eingedrungen sind. Unbewusst erschaffene Entitäten nennen wir **Larven, Schemen und Phantome.**

Eine Larve wird unwillkürlich durch starke psychische Erregung in der Mentalsphäre gebildet. Jeder Gedanken ist ein Teil des Mentalstoffes des Menschen von dem er ausgeht und der in der mentalen Welt eine bestimmte Form annimmt. Die Form, welche die Larve annimmt, hängt von der Ursache psychischer Erregung ab und ist immer symbolisch. Ist jemand durch Liebesgedanken und Gefühle psychisch erregt, nimmt sein ausgesandter Mentalstoff in der Mentalsphäre die Form eines Herzens an. Ist er Hass erfüllt, sendet er Blitze oder Pfeile aus. Ist er hinterhältig, giftig und glitschig, sind seine Larven in Form der Schlange usw. usw. Ist eine Person empfindlich und leicht erregbar, ob magisch geschult oder nicht, trennt sich bei ihr der Mentalstoff leichter und schneller vom Körper und infolge dessen entstehen bei ihr die Larven leichter und intensiver. Je mehr man zur Ursache der psychischen Erregung zurückkehrt und je mehr Aufmerksamkeit man ihr schenkt, umso dichter und stärker wird die Larve. Ihr Erhaltungstrieb wird stärker und sie stachelt immer wieder, bei jeder Gelegenheit, den Geist des Menschen an, um ihn zur Ursache seiner

Erregung zurückzuführen und diese psychische Erregung wieder zu beleben. Dadurch wird sie noch dichter und trachtet danach, ihre Lebensdauer so viel wie nur möglich zu verlängern. In der Mentalsphäre jedes Menschen gibt es ein ständiges Gebären und Absterben von Larven. Sie sterben ab, also sie lösen sich auf und verschwinden dann aus der menschlichen Mentalsphäre, wenn die Erregbarkeit aufhört und der Mensch der aufregenden Sache keinerlei Beachtung mehr schenkt. Jeder Gedanke, egal wie flüchtig er ist, gestaltet den Mentalstoff augenblicklich zu einem lebenden Wesen von entsprechender Form. Dieses Wesen, einmal geschaffen, ist in keiner Weise mehr der Herrschaft seines Schöpfers unterworfen. Es führt für sich ein eigenes Leben, dessen Länge im Verhältnis zur Intensität des Gedankens oder des Wunsches steht, der ihn ins Leben gerufen hat. Es dauert so lange, wie es die Gedankenkraft zusammenhält. Bei den meisten Menschen sind die Gedanken flüchtig und unbestimmt, so dass die dadurch erschaffenen Larven (manche Autoren nennen alle bewusst und unbewusst erschaffene Formen allgemein Elementale) nur einige Minuten oder Stunden am Leben bleiben. Ein oft wiederholter Gedanke oder Wunsch gestaltet ein Wesen, das viele Tage andauern kann. Da die Gedanken der meisten Menschen um sich selbst kreisen, schweben die Formen, die sie bilden dauernd um sie herum und, wie wir schon sagten, reizen den Menschen zur Wiederholung des Gedankens, wodurch die Form fortwährend genährt und gestärkt wird und somit ihr Leben verlängert.

Schwerwiegendere Wirkung haben die Gedanken über andere Menschen. Gleich, ob diese Gedanken gut oder böse sind, schweben ihre Formen nicht um den der sie denkt, sonder um die Person, die der Gegenstand der Gedanken ist. Ist das ein guter Gedanke, z.B. der Wunsch nach Genesung nach einer Krankheit, eilt seine Form sofort zu der Person, sucht bei ihr die entsprechende Eigenschaft der Selbstheilung und fördert sie. Werden von mehreren Menschen solche Gedanken zu der gleichen Person gesandt, stärken sie die gleiche Gedanken-form, die auf diese Weise genährt wird und ihre Lebensdauer verlängert Da so ein erschaffenes Wesen (Larve) beseelt ist und den Wunsch hat, sein Leben zu verlängern, fällt es auf seinen Schöpfer als Kraft zurück, die ihn fortwährend zur Erzeugung der Gefühle reizt, die es ins Leben gerufen hat. Auf diese Art beeinflussen sie auch die anderen Menschen, mit denen sie in Berührung kommen, nur das ihre Verbindung mit diesen nicht so vollkommen ist.

Handelt es sich um negative oder sogar böse Gedanken, ge-schieht fast das Gleiche aber zeigen wir das auch an einem Beispiel.

Nehmen wir an, jemand ist erfüllt mit Hass gegen einen anderen Menschen. Also, er sendet Hass erfüllte Gedanken zu dieser Person. Ist dieser Gedanke an sein Ziel angekommen, können zwei Dinge passieren: gibt es in dem Zielmenschen auch solche Gefühle, wird dieser Gedanke in seiner Aura bleiben, bei ihm das Gefühl des Hasses hervorrufen und sich selbst da-durch energetisch stärken. So gestärkt kehrt sie (die gebildete Entität) zu ihrem Urheber zurück. Weil sie jetzt schon stärker als am Anfang ist (der erste Hassgedanke), stachelt sie ihn an und erzeugt bei dem Mensch noch stärkere Hassgefühle, wobei sie erneut mit verstärkter Kraft hinausgeschickt wird. Dieser Vorgang wiederholt sich viele Male und schafft innerhalb der Persönlichkeit eine schreckliche Atmosphäre des Bösen. Eine so entstandene Entität fängt an, ein eigenes Leben zu führen und ihren ursprünglichen Urheber durch ständig böse Gedanken zu quälen und in den Wahnsinn zu treiben. Im zweiten Fall, wenn es in der Zielperson keine negativen Gefühle geben würde, sondern nur Gefühle der Liebe, prallt der Gedanke von seinem energetischen Feld ab und geht zu einem anderen Menschen, der gleiche Gefühle des Hasses hat und letztendlich kommt er wieder gestärkt zu seinem Urheber zurück. Also, wenn wir eine schlechte Persönlichkeit aufgebaut haben, bilden wir zwangsläufig einen Anziehungspunkt für entsprechende Entitäten, die andere Menschen in unserer Umgebung erzeugt haben. Trinken wir z.b. oft und gerne, werden wir die Entitäten jener, die wir Alkoholiker nennen, anziehen. Wir ziehen und nehmen nur das an, was mit uns und unseren eigenen Schwingungen harmoniert. Es liegt also an uns selbst, den Magnetpol aufzubauen, der das Gute anzieht (z.b. Engel) und die anderen (Dämonen) abprallen lässt.

Es kann aus verschiedenen Gründen vorkommen, dass eine Larve, die aus bösen Gedanken entstanden ist, ihre Kraft weder an dem beabsichtigten Ziel noch an ihrem Schöpfer ausüben kann. In solchem Fall wird sie zu einer Art wanderndem Dämon, der sehr leicht von einem Menschen angezogen wird, der sich ähnlichen Gefühlen hingibt wie die, welche den Dämon entstehen ließen. Dieser facht jene Gefühle dann noch mehr an, um neue Kraft aus ihnen zu ziehen. Oder er strömt seinen gesammelten üblen Einfluss auf jede schwache Stelle des betreffenden Menschen aus, die er zu erreichen vermag. Ist er dann kräftig genug, kann er in der Astralsphäre von einer herumschwebenden leeren Körperschale (die nach dem astralen Tod des Menschen übrig bleibt) Besitz ergreifen und sich z.B. durch ein Medium manifestieren und sein übles Spiel mit den Menschen treiben.

Die Schemen unterscheiden sich von den Larven nur in der Form, welche sie annehmen. Ehe eine Larve infolge einer oder wiederholter psychischer Erregung unbewusst eine dem Motiv zusagende symbolische Form annimmt, erhält ein Schemen eine bestimmte, der Phantasie des Menschen entspringende, Form. Auch der Schemen wird durch wiederholtes Heraufbeschwören eines bestimmten Bildes verstärkt, belebt und verdichtet.

Er kann so stark gemacht werden, dass er seinen Einfluss auf allen drei Ebenen (mentaler, astraler wie auch grobstofflicher Ebene) geltend macht. Ein Schemen ist eine vernichtende Entität, der sein Erzeuger zum Opfer fallen und durch dieser sogar zum Selbstmord getrieben werden kann. Er sorgt auf raffiniertester Weise dafür, dass ihm sein Opfer nicht entrissen wird. Franz Bardon beschreibt in seinem Werk „Der Weg zum wahren Adepten" (Rüggeberg Verlag 2001) zwei Beispiele von gemachten Schemen. Das ist das Beispiel der Bildung eines Eros-Schemen und eines Schemen des magischen Verfolgungswahns. In dem zweiten Beispiel bringt er dem Leser/ in nahe, wie man die eigenen Vorstellungen in eine gegebene Form hineinpackt. Manche Menschen haben einen grimmigen Gesichtsausdruck und vielleicht auch ein merkwürdiges Gebaren, dass man ihnen gegenüber sofort Antipathie empfindet und sie als Schwarzmagier abstempelt. Natürlich kann es sein, dass diese Person nicht mal die leiseste Ahnung von der Geisteswissenschaft, geschweige von der schwarzen Magie besitzt. Trifft eine labile, leicht erregbare und leicht beeinflussbare Person so einen Menschen, wird ihr erster Gedanke sein, dass sie es mit einem Schwarzmagier zu tun hat. Aufgrund dessen wird sie von diesem Mensch schlecht denken und das ist schon der erste Schritt zur Beeinflussung. Im Alltag geschehen immer wieder kleine Unannehmlichkeiten, nur jetzt wird diese Person diese Unannehmlichkeiten dem „Schwarzmagier" in die Schuhe schieben. Sie wird anfangen, öfters sein Bild vor ihren Augen zu sehen, von ihm zu träumen usw. Sein Bild wird immer deutlicher und die Person wird sich verfolgt fühlen. Die Person steigert sich in den Verfolgungswahn, redet sich alles, selbst das Schlechteste ein und versucht alles Mögliche, um den Einfluss zu verscheuchen. Letztendlich erleidet sie einen Nervenzusammenbruch, wird eventuell geistesgestört oder verübt schließlich Selbstmord. Somit hat der Schemen seine Aufgabe erfüllt. So eine Person ist schwer, manchmal sogar unmöglich, zu überzeugen, dass das alles nur sie selbst erschaffen hat und dass sie den eigenen Einbildungen unterliegt bzw. den selbst erzeugten Schemen.

Phantome sind belebte Vorstellungsformen von Verstorbenen. Franz Bardon schreibt darüber ausführlich in seinem Buch „Der Weg zum wahren Adepten" (Rüggeberg Verlag, 2001). Hier ein Zitat aus diesem Buch Seite 188.

„Durch Vorstellungen und Erinnerungen an den Toten, sei es Lob, Verehrung, Trauer und dgl. werden imaginäre Bilderformen der Toten geschaffen und belebt, die, oftmals wiederholt, eine ziemlich lange Lebensdauer haben. Diese Bilder, von Lebenden erzeugt, nennen wir Phantome. Diese Art von Phantomen ist es, die sich in den zahlreichsten Fällen den so genannten Spiritisten, Geisterbeschwörern usw. kundtut."
Oft ist ein so entstandenes Phantom aber kein echtes Wesen der anderen Dimension, durch Medien kontaktiert. Diese Phantome können einen starken Selbsterhaltungstrieb entwickeln, so dass sie zum Vampir des Mediums heranwachsen und sogar der unmittelbaren Umgebung zum Verhängnis werden.
Alle diese unbewusst erschaffenen Entitäten bildet jeder Mensch in seiner Mentalsphäre, unabhängig davon ob er magisch geschult ist oder nicht, ob er jung ist oder alt, intelligent oder nicht, und ob er davon weiß oder nicht.

Im Gegensatz zu diesen unbewusst erschaffenen Entitäten, nennen wir eine **bewusst erschaffene Entität - Elemental.** Eine bewusste Erschaffung eines Elementals kann nur ein Magier im Rahmen der Elemental-Magie vornehmen. So können wir sagen, dass die Elementale, Wesenheiten mit einem gewissen Grad an Intelligenz sind, die von einem Magier bewusst geschaffen wurden. Der Magier erschafft sie, damit sie für ihn auf der Mental-Ebene bestimmte Aufgaben erfüllen. In dem

Sinne sind die Elementale seine gehorsamen Diener. Er kann eine Menge von Elementalen erschaffen, die alle verschiedenen Ziele für ihn erreichen sollen. Damit kann der Magier auf der Mentalsphäre alles erreichen, ganz gleich ob er Veränderungen in seiner eigenen Mentalsphäre oder in der Mentalsphäre anderer Menschen hervorrufen will. Er kann eigene oder fremde geistige und intellektuelle Kräfte nach seinem Willen stärken oder schwächen, sich selbst oder andere Menschen vor fremden Einflüssen schützen und noch vieles mehr. Die Praxis der Schaffung der Elementalen werden wir im zweiten Buch, das sich mit praktischer Arbeit befasst, beschreiben.

Entitäten ausschließlich durch die magische Arbeit erschaffen

Eine Entität, die man aber auch in der grobstofflichen Realität wahrnehmen und die auf dieser Ebene bestehen und agieren kann, kann auch ein Magier bewusst erschaffen, indem er die psychische Energie auf besondere Art lenkt und bündelt. Nun, für die Alchimisten und Magier war das nicht ausreichend, denn sie hat der Gedanke fasziniert, einen Menschen zu erschaffen. Das Wunder des Schöpfungsaktes hat sie dazu geführt, dass sie versucht haben, durch die Nachahmung dieses Aktes und der Wiederholung der Taten Gottes, ein Wesen zu erschaffen, das dem Menschen gleich wäre. Seit dem Mittelalter ist Golem (hebräisch: Klumpen, formlose Masse) in der jüdischen Literatur und Mystik die Bezeichnung für ein menschliches Wesen künstlich aus Lehm und Ton erschaffen. Dieses Wesen war von gewaltiger Größe, hatte besondere Kräfte, konnte aber nicht sprechen. In den mittelalterlichen Legenden und magischen Schriften wurde auch von ihm, von der Erschaffung eines androgynen Wesens durch die kabbalistische Magie, berichtet.

135

Da in der jüdischen Mystik keine Distanz zwischen Mensch und Gott (sie sind eins) existiert, haben sich einige Rabbis und Alchimisten daran gewagt, ihre schöpferischen Kräfte, durch die Anwendung der Kabbala, zu erproben. Durch die Verfolgung der Juden durch die Christen und der Vernichtung der jüdischen Bevölkerung in Jerusalem, zog sich der Rest der Bevölkerung in die Privatsphäre zurück und widmete sich der Mystik, deren Grundlage die Kabbala war. Die künstlich erschaffene Entität, der Golem, sollte den jüdischen Gemeinden als Helfer und Beschützer vor Gewalttaten dienen.

Die Legende von der Erschaffung des Golems

Die frühesten erhaltenen Vorschriften zur Erschaffung eines Golems, stehen bei dem Wormser Rabbiner Eleasar ben Judah ben Kalonymos (ca. 1160-1230). Die Erschaffung des Golems wird aber auch dem Rabbi Baal Schem Tov und dem Rabbi Davidl Jaffe (unter anderem) zugeschrieben. Rabbi Jaffe hat ihn dazu verwendet, um die nötige Arbeit für die Juden am Sabbat zu verrichten. Die bekannteste Version der Golem-Legende erzählt von der Erschaffung des Golems durch den Prager Rabbiner Judah Löw ben Bezalei (1525-1609). Er war bekannt als Talmudist, Philosoph und Kabbalist.

In der Zeit lebte in Prag die jüdische Bevölkerung bedrängt in einem Ghetto. Ihnen wurden Ritualmorde vorgeworfen, in welchen sie kleine Kinder in Prag töten, um ihr Blut zu rituellen Zwecken zu benutzen. Im Jahr 1580 soll ein Geistlicher mit Namen Thaddäus sich erneut gegen die Juden gewandt und gegen die Prager Judengemeinde Ritualmordbeschuldigungen gerichtet haben. Rabbi Löw war darauf bedacht, dem bedrängten Volk zu helfen. Eines Nachts wurde ihm im Traum gesagt, er soll aus Ton einen Menschen formen und ihn durch

Anwendung der Formel aus der Kabbala beleben, um so die gegen die Prager Juden gerichteten Pläne zu vereiteln.

Zur Erschaffung des Golems brauchte der Rabbi vier Elemente: Erde, Wasser, Feuer und Luft. Das Element Erde hatte er schon in der Form des Lehms, aus welchem die Figur gemacht werden sollte. Es waren noch die anderen drei Elemente nötig. Er maß sich selbst die Eigenschaften des Windes, des Elementes Luft, zu und bat seinen Schwiegersohn und seinen Schüler zu sich. Denen erzählte er von seiner Vision und seinem Vorhaben und die beiden stimmten zu, ihm dabei zu helfen. Sein Schwiegersohn verkörperte das Element Feuer und seinem Schüler wurden die Eigenschaften des Elementes Wasser zugeteilt. Sie mussten schwören, dass sie keinem von dem Vorhaben erzählen würden. Ihre Vorbereitungen fingen damit an, dass sie sich sieben Tage lang gewissenhaft im Gebet auf das Werk konzentrieren sollten. Am 17.März 1580 um vier Uhr morgens gingen sie zu einer Lehmgrube außerhalb der Stadt und aus dem feuchten Lehm fertigten sie eine drei Ellen hohe Figur an. Als sie damit fertig waren, musste der Schwiegersohn des Rabbis, der das Element Feuer darstellte, sieben mal um den Golem herumgehen und dabei eine bestimmte Formel aufsagen. Die Figur begann zu glühen, als ob sie dem Feuer ausgesetzt wäre. Nach ihm schritt der Schüler als Vertreter des Elementes Wasser um den Golem herum, dabei die ihm gegebene Formel sprechend, und der Golem begann zu dampfen, wurde feucht und ihm wuchsen Haare und Fingernägel. Auch der Rabbi schritt sieben Mal um den Golem, bevor sie sich alle drei zu Füßen des Golems aufstellten und gemeinsam sprachen: „Und Gott blies ihm den lebendigen Atem in die Nase, und der Mensch erwachte zum Leben." Darauf öffneten sich die Augen des Golems. Der Rabbi hieß ihn sich aufrichten und sie kleideten ihn an und führten ihn in die Stube des Rabbis. Da saß der Golem leblos in einer Ecke. Zum Leben wurde er erweckt durch kabbalistische Rituale mit Hilfe des Sefer Jezirah. Um ihn zu beleben, musste man ihm unter die Zunge einen Zettel mit dem Namen Gottes legen. Der Golem hatte die Aufgabe, darauf aufzupassen, dass keiner aus der Stadt eine kindliche Leiche in das jüdische Ghetto hinein wirft. Zusätzlich fegte er die Synagoge aus und läutete die Glocken. An jedem Sabbat aber musste ihm der Zettel unter der Zunge entfernt werden.

In einer anderen Version wurde dem Golem statt des Zettels unter die Zunge, „das Siegel der Wahrheit" auf die Stirn geschrieben, der Name Gottes „Aemaeth" (was Wahrheit, Gott bedeutet). Wollte man den Golem deaktivieren, musste man die ersten Buchstaben von seiner Stirn entfernen, so dass das Wort „Maeth" blieb, was Tod bedeutete.

Kommen wir zurück zu der Legende, wie der Rabbi Löw den Golem erschaffen und vernichtet hat. Als nach längerer Zeit die Verleumdungen gegen die Gemeinde eingestellt wurden und Kaiser Rudolf II dem Rabbi in einer Audienz am 23. Februar 1592 versprach, dass wegen der Ritualmordbeschuldigungen gegen die Juden in Zukunft nachsichtig vorgegangen werde, unternahm Rabbi Löw die Vorbereitungen, um den Golem zu vernichten. Statt in seiner Wohnung, schlief der Golem seit dann im Bett auf dem Dachboden der Altneusynagoge. Die drei Menschen, die ihn erschaffen hatten, versammelten sich um sein Bett bis er schlief und taten alles aber genau in entgegen gesetzter Reihenfolge, was sie bei der Erschaffung getan hatten. Diesmal standen sie nicht zu seinen Füßen, sondern an seinem Kopf und die notwendige Formel sagten sie rückwärts auf. Nach der Beendigung ihres Vorgehens zerfiel der Golem zu einem Haufen Lehm. Rabbi Löw deckte ihn mit einem alten Gebetsmantel und einer Schriftrollen zu, und ließ in der Gemeinde die Kunde verbreiten, der Golem sei mit unbekanntem Ziel entwichen und verbot allen, den Dachboden der Prager Altneusynagoge zu betreten.

Es sind mehrere Varianten dieser Legende bekannt. Ich finde es aber nützlich, hier auch ein Zitat aus dem Web-Katalog: www. sphinx-suche.de anzugeben:

„Die Kraft der Rede konnte er (Rabbi Löw) dem Golem nicht eingeben, denn was diesem innewohnte, war eine Art Lebenstrieb, aber keine Seele. Er war wohl mit einem gewissen Unterscheidungsvermögen ausgestattet, aber Dinge der Weisheit und höheren Einsicht blieben ihm versagt.
Wiewohl nun der Golem keine Seele hatte, merkte man ihm am Sabbat etwas Besonderes an, und sein Gesicht erschien freundlicher als an Wochentagen ... Der Golem barg in seinem Innern keinerlei Neigungen, weder gute noch sündhafte. Was er tat, geschah nur unter Zwang und aus Furcht, zurück ins Nichts versenkt zu werden. Alles, was zehn Ellen über und zehn Ellen unter der Erde lag, war für ihn mit Leichtigkeit zu erreichen, und nichts konnte ihn an der Ausführung des einmal Unternommenen hindern. - Er musste ohne Zeugungstrieb erschaffen werden, sonst hätte sich kein Weib vor ihm retten können ... Weil er aber keinen Trieb kannte, so haftete ihm auch keine Krankheit an ... Rabbi Löw behauptete, dass der Golem auch Anteil am ewigen Leben haben werde, da er sovielmal Israel vor schwerer Not bewahrt hatte."

Dieses Thema wurde oft künstlerisch bearbeitet. Die bekannteste Bearbeitung ist wahrscheinlich der Roman von Gustav Meyrink „Golem" der 1915 veröffentlicht wurde und der als Klassiker der phantastischen Literatur gilt.
Marge Piercy benutzt die Legende in ihrem Roman „Er, Sie und Es" als Hintergrund für den Bau eines Cyborgs. Egon Erwin Kisch veröffentlichte eine Reportage „Dem Golem auf der Spur," in der er der Golem-Sage nachgeht. Und viele andere Künstler (Jakob Grimm, J.W. von Goethe usw.) haben sich von dieser Legende inspirieren lassen, um ihre Werke zu schaffen.

In vielen Schriften, die Mystiker und Alchemisten verfasst haben, geben sie mehr oder weniger klare Anweisungen für die Erschaffung eines Golems. Einige Elemente sind bei allen gleich, wie zum Beispiel: Die Person, die diesen Prozess durchzuführen vermag, muss hohe moralische und persönliche Qualitäten haben. Ein Reinigungsritual zur Säuberung von allen ungewünschten Einflüssen und negativen Energien der Sphäre, in welcher der Vorgang stattfinden soll, ist unentbehrlich. Weiterhin, der Golem muss aus dem Lehm gemacht werden, der noch nie für etwas anderes benutzt worden ist und dabei ist besonders wichtig, dass der Lehm ungepflügt ist. Außerdem muss man bei der Erschaffung eine besondere verbale Formel benutzen und als letztes Wort muss der Name Gottes ausgesprochen werden, um die Figur aus Lehm zum Leben zu erwecken.

Wahrscheinlich kann man diese Legende von der Erschaffung des Golems nur als eine phantasievolle Überlieferung betrachten (oder auch nicht?) aber es ist eine Tatsache, dass die Möglichkeit ein Wesen auf magische Art zu erschaffen, immer das größte Interesse der Magier und Alchimisten erweckt hat.

Die Homunculi

Das höchste Ziel eines Magiers ist es, absolute Souveränität in seinem persönlichen Universum zu erreichen. Manche von ihnen denken, dass sich diese Souveränität auch darin äußert, dass sie einen Menschen künstlich erschaffen können. Weil diese Erschaffung eben in ihrem Mikrokosmos stattfindet, können sie dem entsprechend nur ein Menschlein erzeugen. So ein durch magische Aktivitäten erschaffenes Wesen, das eine menschliche Form hat, nennt man Homunculus. Einer der großen Alchimisten, Paracelsus, hat in seinen Werken behauptet, dass es ihm gelungen sei, einen Homunculus zu erschaffen. Er hat sogar Anweisungen gegeben, die ziemlich unverständlich sind, wie man einen Homunculus erschaffen kann. So schreibt er, dass es, um ein Homunkulus zu erzeugen, notwendig sei, männliches Sperma in einem Glasbehälter, erfüllt mit bestimmten Substanzen, zu verschließen und 40 Tage lang in einem Haufen Pferdemist begraben zu halten. Nach dieser Zeit wird sich im Glasbehälter etwas bemerkbar machen, was sich bewegt und lebt. Das ist ein menschliches Wesen, aber durchsichtig und körperlos. Hat man das erreicht, soll man dieses Etwas jeden Tag vierzig Wochen lang, mit menschlichem Blut füttern, ohne den Glasbehälter aus der Wärme des Pferdemistes herauszuholen. Nach dieser Zeit wird das Menschlein einen sichtbaren, harmonischen Körper haben. Na ja, der Glasbehälter war die erste Form der Retorte bzw. Gebärmutter, Pferdemist ein Inkubator und der ganze Vorgang der erste Versuch, einen Menschen außerhalb des Mutterleibes zu erzeugen. Heute machen das die Wissenschaftler viel geschickter. Verzeihen Sie mir, liebe Leser/in, diesen Vergleich, aber es ist wahrlich so, dass vieles was früher als magische Arbeit angesehen war, heute im Rahmen der Wissenschaft praktiziert wird. Nun, kommen wir zurück zu den Homunculi.

In dem Buch „Paracelsus-Arzt unserer Zeit" von Frank Geerk (Benziger Verlag 1992), im Kapitel „Der dunkle Pfad", geschrieben von Lawrence Durrell (Seite 502) ist zu lesen:

„...dieser Baron hatte...zehn Homunculi faktisch hergestellt und nannte sie seine „prophetischen Geister." Sie wurden in großen Glasbehältern aufbewahrt, wie man hierzulande zum Waschen von Oliven oder zum Einmachen von Früchten benutzt, und sie lebten im Wasser. Sie standen auf einem eichenen Regal in seinem Arbeitszimmer oder Laboratorium. Sie wurden im Laufe von fünf Wochen intensiver gedanklicher und ritueller Anstrengung produzier oder „entworfen," um seinen eigenen Ausdruck zu gebrauchen. Es waren äußerst schöne und wunderliche Objekte, die da gleich Seepferdchen umher schwammen. Sie bestanden aus einem König, einer Königin, einem Ritter, einem Mönch, einer Nonne, einem Architekten, einem Bergmann, einem Seraphen und schließlich einem blauen und einem roten Geist! Sie bewegten sich lässig in den starken Glasbehältern. Wenn man mit dem Fingernagel daran tippte, schienen sie unruhig zu werden. Sie waren nur etwa spannen-lang, und da der Baron darauf aus war, sie wachsen zu lassen, halfen wir ihm dabei, die Behälter unter mehreren Karrenladungen Pferdemist zu begraben. Dieser große Misthaufen wurde täglich mit einer übel riechenden Flüssigkeit besprengt, die mit großer Mühe von dem Baron und seinem Türken angerichtet worden war und die einige ziemlich ekelhafte Ingredienzien enthielt. Bei jeder Besprengung begann der Mist zu dampfen, als werde er von einem unterirdischen Feuer erhitzt. Er war so heiß, dass man kaum den Finger hinein stecken konnte. Alle drei Tage verbrachten Abbe und der Baron eine ganze Nacht mit beten und Beweihräucherungen des Misthaufens. Als der Baron schließlich den Prozess als beendet erachtete, wurden die Gläser vorsichtig zurückgebracht und wieder auf das Regal im Laboratorium gestellt. Alle Homunculi waren so sehr gewachsen, dass die Gläser jetzt kaum mehr groß genug für sie waren, und die männlichen Gestalten hatten starke Bärte bekommen. Die Nägel an ihren Fingern und Zehen waren sehr lang geworden. Diejenigen, die Menschen vorstellten, trugen Kleidung nach ihrem Rang und Stil."

Weiter im Text wurde genau beschrieben wie diese Homunkuli aussahen, wie sie ernährt und gepflegt wurden, wie auch wie sie der Baron für die prophetischen Aussagen benutzte. In den Behältern mit dem blauen und roten Geist konnte man nichts außer Wasser sehen. Erst wenn Abbe dreimal oben auf das Siegel klopfte und dabei eine hebräische Formel sprach, wurde das Wasser blau oder rot und in ihm zeigten sich Gesichter der Geister. Das Gesicht des blauen Geistes war engelhaft schön und das Gesicht des roten Geistes sah fürchterlich aus.

Franz Hartmann in seinem Buch von Paracelsus zitiert das Buch „Sphinx" (veröffentlicht in Wien, Herausgeber Dr. Emil Besetzny) in dem der gleiche Fall beschrieben worden ist, nur mit mehr Daten, die überprüfbar sind. In diesem Buch hat die zehn Homunculi der Graf von Kuefstein in Tirol im Jahr 1775 erschaffen. Diese, wie auch alle anderen Daten von der Erschaffung und Benutzung wie auch Vernichtung von Homunculi wurden den Schriften und Büchern der Massonen entnommen. Der Graf von Kuefstein gehörte dieser Organisation an und brachte seine Homunkuli immer dann in die Loge, in welcher er Großmeister war, wenn sie beabsichtigten, ihnen prophetische Fragen zu stellen. Das was die Homunculi vorhersagten, stimmte fast immer. Sie konnten die größten Geheimnisse aufdecken aber sie konnten nur solche Fragen beantworten, die mit ihrem „Beruf" übereinstimmten. So konnte der König politische Fragen beantworten, der Mönch konnte über Religion sprechen, der Bergmann über Erze und Mineralen usw. Nur der blaue und rote Geist konnte über alles reden bzw. die gestellten Fragen beantworten. Der Text endet mit der Aussage, dass es sehr schwer wäre, diesem Bericht seine Glaubwürdigkeit zu bestreiten, denn einige gut bekannte Persönlichkeiten wie z.B. Graf Max Lamberg, Graf Franz Joseph aus Thuna und andere, haben seine Wahrheit bestätigt.

In dem Buch „Geisterschlösser in Österreich" von Bieberger – Gruber – Herberestein und Hasmann (Verlag Carl Ueberreuter, Wien 2004) ist auf der Seite 168 auch von der Erschaffung der Homunculi seitens des Grafen Kuefstein berichtet worden:

„Die Geschichte des Grafen Kuefstein jedenfalls enthält noch einen weiteren interessanten Fall: Der neunte Herr auf

SÖLE

Greillenstein, Johann Ferdinand II., Freimaurer und Alchimist, beschäftigte sich einst mit recht unheimlichen Experimenten. Er hatte Mitte des 18. Jahrhunderts nicht wie andere Alchimisten das Verlangen, aus minderer Materie Gold herzustellen, sondern er wollte Homunculi züchten, also künstliche Menschen. Angeblich soll es ihm gelungen sein, denn es existieren Briefe von Mitgliedern seiner Loge, in denen zu lesen ist, er habe ihnen diese Homunculi vorgeführt und sie sollen Weissagungen gemacht haben. Wo das passierte, da gehen die Quellen auseinander. War es Greillenstein oder Schloss Viehofen in St. Pölten, man weiß es nicht genau. Die Homunculi lebten angeblich in mit Weihwasser gefüllten Gläsern und sollen es irgendwie geschafft haben, daraus zu entkommen.

Der Graf ließ daraufhin eilig sein Labor vermauern und kehrte, um sein Seelenheil besorgt, diesem Treiben den Rücken. Er starb in Frieden, und das ist wahrscheinlich der Grund, warum er nicht geistert, obwohl das passen würde. Allerdings heißt es, diese Homunculi würden im Keller des Schlosses ihr Unwesen treiben."

Die Autoren des Buches schreiben ausführlich von den Spuk-Erscheinungen in diesem Schloss, was die heutigen Besitzer auch aus eigener Erfahrung bestätigen.

In dem schon zitierten Buch „Paracelsus-Arzt unserer Zeit" ist auf der Seite 505 die Vernichtung der zehn Homunculi wie folgt beschrieben:

„Es wurde beschlossen, die Homunculi „aufzulösen" und dann im Garten zu beerdigen. Da der Abbe abwesend war, bot ich meine Hilfe an. Ich weiß nicht, was er in die Gläser goss, aber alle Flammen der Hölle schlugen aus ihnen empor, bis die Decke des Raumes ganz mit Ruß und Spinnenweben bedeckt war. Die kleinen Wesen schrumpften nun zu getrockneten Blutegeln zusammen oder zu getrockneten Nabelschnüren, wie sie manchmal von der Landbevölkerung aufbewahrt wurden.

144

Von Zeit zu Zeit stöhnte der Baron laut, und der Schweiß trat ihm auf die Stirn. Es war das Stöhnen einer Frau in Wehen. Endlich war der Prozess beendet, und um Mitternacht wurden die Gläser hinausgetragen und in der kleinen Kapelle unter einigen lockeren Steinfliesen begraben, wo sie sich vermutlich noch jetzt befinden."

So viel über Homunculi. Schauen wir jetzt was hat sich im zwanzigsten Jahrhundert bezüglich der magischen Erschaffung der Entitäten getan.

Das Mondkind (Moon-child) von Jack Parson

Nicht nur die mittelalterlichen Alchimisten versuchten einen Homunculus zu erschaffen. Magische, künstliche Erschaffung einer Entität war auch das Ziel einiger Magier des zwanzigsten Jahrhunderts. So hat der berühmt-berüchtigte Magier Aleister Crowley 1914 Instruktionen zur Erschaffung eines Homunculus unter dem Titel „De Homunculo Epistola" geschrieben, die aber sogar seinen Schülern unverständlich waren. Viel mehr Anweisungen zur Herstellung so eines Wesens hat er in seinem Roman „Moonchild" gegeben. In diesem Roman hat er eine magische Operation beschrieben, die auf der Theorie gründete, dass man eine bestimmte kosmische Intelligenz anziehen und zwingen kann, in einem menschlichen Embryo zu inkarnieren, indem man auf die zukünftige Mutter durch bestimmte Beeinflussungen und Rituale wirkt. Mag sein, dass ihn zum Schreiben dieses Romans Somerset Maugham durch seinen Roman „Der Zauberer" inspiriert hat, wie auch Maugham zum Schreiben seines Romans das Leben des Aleister Crowleys benutzt hat. Einige Zeit, in den Tagen seiner Jugend, verkehrte Maugham viel mit Crowley, wurde aber stets in Gesellschaft von ihm ausgelacht. Das hat er ihm nie verziehen und in seinem Roman „Der Zauberer" hat er Crowley als Vorlage für seinen Helden Oliver Haddo genommen. Oliver Haddo ist ein böser Okkultist, der mit seinen alchemistischen Methoden einen Homunkulus erschafft. Dieser Roman war seine Rache an Aleister Crowley, denn sein Held entspricht haargenau dem Bild und dem Leben von Crowley. Und doch war nicht Crowley derjenige der sich gewagt hatte auch praktisch zu versuchen ein Mondkind zu zeugen. Es war der Chemiker und Raketentreibstoffforscher Jack Parson.

Lange Jahre wurde nicht bekannt, dass sich dieser Wissenschaftler ernst und praktisch mit der Magie befasste und dass er sogar einige Jahre das Oberhaupt der kalifornischen Agape Loge magischer O.T.O. (Ordo Templi Orientis) Organisation von Aleister Crowley war. In einem Augenblick hat er sich entschieden, die kosmische Intelligenz, die Crowley „Babalon" nannte, aus den höheren astralen Ebenen auf die grobstoffliche Ebene herab zu ziehen, indem er sie zwingen wollte, in ein menschliches Wesen (ungeborenes Kind) zu schlüpfen und so in dieser Welt zu inkarnieren. Bis dahin war so eine magische Operation noch nicht durchgezogen. Um dieses Ziel zu erreichen, brauchte Parson eine sexuelle Partnerin, mit welcher er auf der astralen Ebene das Kind zeugen, und danach die kosmische Intelligenz herabziehen wollte, um sich in der Gebärmutter der Frau einzunisten. Wenn so ein Kind geboren würde, wäre das, nach seiner Meinung, ein Homunculus, magisch hervorgerufene Inkarnation dieser erhabenen Entität. Bei diesen Operationen hat ihm Ron Hubbard, der später Scientology gründete, assistiert.

Anfang 1946, haben die Beide neun Nächte lang, magische Rituale geübt, ohne einen Erfolg zu haben. Durch diese Rituale wollten sie eine Frau herbeiführen, die besonders dazu geeignet wäre, so ein Kind auszutragen. In der letzten Nacht aber hat Hubbard einen Schlag der unsichtbaren Energie gespürt, wodurch ihm die Kerze aus der Hand geschlagen wurde und diese bis zum nächsten Tag gelähmt blieb. Er und Parson sahen ein gelb-braunes Licht, das verschwand, als Parson mit seinem magischen Schwert ausholte. Die nächste Nacht war erfüllt mit magischen Phänomenen und am Morgen danach sagte Parson zu Hubbard, dass ihr Experiment gelungen sei. Als er nach Hause kam wartete auf ihn eine junge Frau, die in allem seinen gestellten Anforderungen entsprach und die auch bei ihm blieb. Mit ihr hat er dann Zeugungsrituale unternommen. Es ist nicht bekannt, wie dieses Experiment endete. Man weiß nur, dass sich ab dann für Parson alles zum Schlechten wendete. Parson und Hubbard haben sich zerstritten. Hubbard wollte mit Parsons Frau davonlaufen und benutzte dazu Parsons Yacht. Dieser aber beschwor daraufhin in einem Ritual den Mars-Dämon Bartzabel, worauf die Yacht prompt auf ein Riff lief. Parson selbst aber kam 1952 durch eine Explosion während eines Experimentes ums Leben. Kurz nach diesem Abenteuer machte sich Hubbard daran, sein wichtigstes Werk zu schreiben, das Buch „Dianetik-Die moderne Wissenschaft der geistigen Gesundheit."

Experiment „Philip"

Ein Parapsychologie-Forscherteam, unter der Führung von Dr. A.R.G. Owen, der Mitglied der Gesellschaft für psychische Forschung in Toronto war, veranstaltete in den 70er Jahren ein außergewöhnliches Experiment, das über ein Jahr dauerte. Ziel des Experimentes war: Erschaffung einer Entität, die sich auf die Art offenbaren wird, wie es die Geister bei spiritistischen Sitzungen tun. Sie wollten „ihren" eigenen Geist „erfinden" und herausfinden, ob sie nur durch ihre Vorstellungskraft einen Geist erschaffen können. Die Gruppe machte acht Personen aus und es ist wichtig zu betonen, dass keine von diesen acht Personen bis dahin irgendwelche medialen Gaben geäußert hatte. Ihre Idee war es, einen komplett fiktiven Charakter zu erfinden und dann zu versuchen, mit ihm zu kommunizieren, Nachrichten von ihm zu empfangen oder andere paranormale Phänomene zu erzeugen, vielleicht sogar eine Geistererscheinung zu beobachten. Also, sie haben sich im voraus, bevor sich irgendein Geist melden konnte, den ganzen Lebenslauf dieser imaginären, ihrer Phantasie entsprungenen Person ausgedacht.

Die Gruppe verfasste gemeinsam eine Biographie von der Person namens Philip Aylesford. Philip war ein aristokratischer Engländer, der in der Mitte des 16. Jahrhunderts, etwa zu der Zeit Oliver Cromwells, lebte. Er war verheiratet mit Dorothea, der Tochter eines Edelmannes, der sein Nachbar war. Dorothea war sehr schön aber kühl. Eines Tages, als Philip gerade an den Grenzen seines Grundstückes ritt, stieß er auf ein Zigeunerlager. Dort sah er eine wunderschöne Zigeunerin mit dunklen Augen und rabenschwarzen Haaren. Sie hieß Margo, und er verliebte sich in sie. Heimlich brachte er sie in sein Haus und versteckte sie vor seiner Frau. Eine Zeitlang ging es gut, aber dann entdeckte seine Frau die Zigeunerin und beschuldigte sie der Hexerei. Margo wurde ein Prozess gemacht und Philip war so sehr um seinen Besitz und seinen Ruf besorgt, dass er nicht gegen den Prozess gegen Margo protestierte. Margo wurde für schuldig erklärt und verbrannt. Daraufhin wurde Philip von heftigen Gewissensbissen und Schuldgefühlen geplagt, so dass er sich schließlich umbrachte.

Das war eine frei erfundene Geschichte von der fiktiven Person Philip. Die Gruppe traf sich in einem beleuchteten Raum, sprach und meditierte über Philip und versuchte, ihre kollektiv erschaffene Person detailliert zu visualisieren. Ein ganzes Jahr hatten sie keinen Erfolg, außer dass sie manchmal die Präsenz von Philip im Raum spürten. Dann änderten sie ihre

Vorgehensweise, indem sie um sich herum die Atmosphäre jener Zeit, durch antike Möbel und Photos von Schlössern und Länderein, schufen. Dieses Mal klappte es. Philip meldete sich mit Klopfzeichen, wie sich sonst die Geister bei einer spiritistischen Sitzung melden. Er beantwortete die ihm gestellten Fragen im Einklang mit seiner ausgedachten Biographie. Es geschahen aber auch manche Phänomene. Philip konnte Tische rücken oder sie in der Luft schweben lassen, Licht dämmen oder verstärken usw. Letztendlich entzog er sich der Kontrolle der Gruppe, indem er denen die Tatsachen aus seinem Leben mitteilte, die sie nicht ausgedacht hatten. So wussten die Mitglieder doch nicht, ob ihre Entität ein selbstständiges Leben anfing, oder ob sich eine andere Intelligenz ihrer Entität bediente, um sich zu offenbaren. Als die Gruppe dann eine längere Pause ihrer Treffen einlegte, geschahen bei einzelnen Mitgliedern zahlreiche, unerklärliche psychokinetische Ereignisse. Die gleiche Gruppe hat später, auf gleiche Weise, noch einige Entitäten erschaffen, aber keine ist so berühmt geworden wie Philip, wahrscheinlich weil das Experiment mit ihm ein erstes solcher Art war.

Tibetische Tulkus und Tulpas

Über die Natur der Tulkus herrschen im Abendland immer noch viele Missverständnisse. Tatsache ist, dass Tulkus heute in Tibet kirchlichen Adel darstellen und in der tibetischen Gesellschaft dem weltlichen Adel gegenüber stehen. In jedem Fall sind sie die eigenartigste Erscheinung des Lamaismus und in ihrer jetzigen Form stammt die Adelsklasse der Tulkus erst aus dem Jahre 1650. Sie sind die Verkörperungen von Gottheiten, anderen mächtigen übermenschlichen Wesen, wie auch von Dämonen, aber auch Heiligen oder verstorbenen Gelehrten. Die Verehrung vieler Menschen veranlasst ein solches Wesen,

eine menschliche Form anzunehmen, indem es im Körper eines
Kindes geboren wird, als ein gewöhnlicher Mensch lebt und
immer weiter, von einem Körper in den andere, inkarniert. Bekannt sind heute auch im Abendland als so inkarnierte Wesen
(also als Tulkus) der Dalai Lama, der Taschi Lama, der Dame
Lama Dordschi-Phagmo und in einer niedrigeren Rangstufe der
Tulkus gewisser bodenständiger Gottheiten, z.B. das Pekar, in
dessen Namen die Tulkus öffentlich weissagen. Die berühmte
Forscherin des Tibet, Alexandra David-Neel, sagt in ihrem
Buch „Magier und Heilige in Tibet" (Goldmann Verlag, 2005)
auf Seite 147:

„Was die Tulkus an Besonderem voraushaben, ist nur, dass
sie für die Wiederverkörperungen bedeutender Persönlichkeiten
gehalten werden. Auch dass sie sich zuweilen an Einzelheiten
aus ihrem früheren Dasein erinnern und es ihnen in gewissen
Fällen möglich ist, ihre künftigen Eltern zu wählen sowohl wie
den Ort, an dem sie wieder geboren werden, zu bezeichnen."

Oft sagt ein Lama, der schon selbst ein Tulku ist, an seinem
Sterbebett Ort und Stelle seiner Wiedergeburt voraus. Manchmal auch teilt er viele Einzelheiten über seine künftigen Eltern,
der Lage seines Hauses und dergleichen mit, was dann, nach
seinem Ableben, dazu dient, eine Suche nach dem eben neu
inkarnierten Lama zu starten. Manchmal kommt es auch vor,
dass sich ein Verstorbener gleichzeitig zu mehreren anerkannten
Tulkus vervielfältigt, aber es gibt auch Lamas, die gleichzeitig
als Tulkus verschiedener Persönlichkeiten gelten. Um das zu
verstehen, muss man die tibetische Lehre zur Hilfe holen. Ihr
entsprechend können aus Bodhisatva (Schöpfer) unzählige
Formen entstehen. Er kann gleichzeitig durch seinen auf ein
Ziel, wie auch auf einen Brennpunkt gerichteten Gedanken,
in tausend und abertausend Welten ein ihm selbst ähnliches
Geisteswesen erscheinen lassen. Er kann nicht nur menschliche Formen erschaffen, sondern auch alles Erdenkliche. Seine

Schöpfermacht kennt keine Grenzen. Warum könnte sich dann nicht ein Tulku vervielfältigen oder den Körper mehrerer Tulkus benutzen? Obwohl die Tulkus Wesen aus Fleisch und Blut sind, normal von einer Mutter geboren, der erste von ihnen, dessen Inkarnation sich immer wiederholt, ist durch die Kraft der Gedanken und die Visualisierung einer Masse von Menschen entstanden, also erschaffen worden. Tulkus sind demnach Männer und Frauen die scheinbar ihr eigenes Leben leben, obwohl sie eigentlich die Inkarnation einer dauerhaften Energie sind, die von einem Individuum so ausgerichtet ist, dass es auch nach seinem Ableben bestimmte Aktivitäten weiter führen kann.

Tulpas sind mehr oder weniger feste geistige Werke der Magier die verschiedene Formen haben können. Sie können als Mensch, Tier, Baum, Felsen usw. erscheinen, je nach dem welche Form der Magier ihnen geben wollte und sie benehmen sich auch entsprechend der angenommenen Form. Darüber berichtet ausführlich die schon erwähnte berühmte Tibet-Forscherin Alexandra David Neel. In Ihrem Buch „Magier und Heilige in Tibet" beschreibt sie, wie tibetische Magier mit der Konzentration ihrer geistigen Kräfte wie auch mit Hilfe der Visualisierung, also mit ihrer Einbildungskraft, beliebige Schemengestalten erschaffen können, die nicht nur Luftspiegelungen sondern greifbare, feste Gestalten sind. Ich zitiere die Seite 355 des gleichen Buches:

„Ein Schemenpferd kann z.B. traben und wiehern. Sein Schemenreiter kann von seinem Reittier absteigen, unterwegs mit einem Vorübergehenden sprechen und eine aus wirklichen Nahrungsmitteln bestehende Mahlzeit verzehren. Der Duft eines Schemenrosenstrauchs kann sich weit hinaus verbreiten, ein Schemenhaus, Reisende aus Fleisch und Blut beherbergen."

Auf den ersten Blick hört sich das wie ein Märchen an,

aber wir dürfen nicht vergessen, dass in Tibet neben den Heiligen auch die Magier leben, die sich ihr Leben lang in der Stärkung ihres Geistes und ihrer Einbildungskraft üben und die die Gesetze der Dematerialisierung und Materialisierung genau kennen.

Hat ein Tulpa genug vitale Energie bekommen, so dass er imstande ist die Rolle des realen Wesens zu übernehmen, hat er die Tendenz, sich der Kontrolle des eigenen Schöpfers zu entziehen. Die Tibeter vergleichen das mit dem Prozess der Reifung eines Embryos im Mutterleib, das eines Tages so weit ist, dass es fähig ist, getrennt von dem Mutterleib zu leben und deshalb trennt sich dieses Wesen auch von ihm und es fängt an, selbständig zu leben. Oft wird in Tibet von Kämpfen zwischen den Magiern und den Wesen die sie erschaffen haben erzählt. Diese Wesen, die Tulpas, können ihren Schöpfer schwer verletzen oder sogar töten. Manchmal schicken die Magier selbst erschaffene Tulpas fort mit der Aufgabe, eine bestimmte Mission zu erfüllen. Es kann vorkommen, dass so fortgeschickte Tulpas nie zurückkehren, sondern als halbbewusste und gefährliche Wesen umherirren. Es kann auch vorkommen, dass der Magier stirbt, bevor er seinen Tulpa aufgelöst hat. In diesem Fall kann ein Tulpa auch überraschend verschwinden oder aber ganz langsam an Kraft verlieren, so wie ein Körper ohne Nahrung langsam aber ständig schwächer wird bis er sich ganz auflöst. Ist ein Tulpa erschaffen worden mit der Absicht, dass er seinen Schöpfer überlebt, wird er, nach dem Tod des Magiers der ihn erschaffen hat, weiter existent bleiben.

Eigentlich wollen die Magier, wenn sie einen Tulpa erschaffen, nur ein gefügiges Wesen ins Leben rufen. Wenn es ihnen in den Plan passt, können sie dafür jedes Wesen oder jeden leblosen Gegenstand nutzen. Nun, je länger ein Tulpa „am Leben" ist, desto mehr Schwierigkeiten hat der Magier, ihn wieder aufzulösen. Oft widersetzt sich ein Tulpa heftig einer

Auflösung und Kämpft mit seinem Urheber um sein Leben. Er klammert sich an das ihm einmal eingeflösste Leben. Alexandra David Neel betont, dass sie nicht behauptet und keinen davon überzeugen möchte, dass die Erzählungen, die sie in Tibet gehört hat, wahr sind. Sie selbst wollte zuerst ausprobieren ob es stimmt oder auch nicht, bevor sie daran glauben wollte. Ihr ganzes Experiment, mit faszinierendem Ergebnis, gibt sie in oben genanntem Buch (Seite 372, 373) bekannt. Ihre Erfahrung kann wenige Menschen gleichgültig lassen, so unterlag ich selbst auch ihrer Faszination. Aus diesem Grund führe ich das Zitat an, obwohl es etwas länger ist:

„Freilich kann ich die Möglichkeit, ein Schemen zu schaffen und dann zu beleben, selbst kaum bezweifeln.
Ich bin von Natur ungläubig veranlagt und wollte selbst einen Versuch damit machen. Um mich nicht durch die auffallenden Gestalten der lamaistischen Götter beeinflussen zu lassen, deren Gemälde und Bildsäulen ich für gewöhnlich unter Augen hatte, wählte ich eine wenig hervorstechende Persönlichkeit, einen dicken untersetzten Lama, der so recht harmlos und lustig aussah. Nach ein paar Monaten war der brave alte Knabe fertig. Er „festigte" sich nach und nach und ward mir eine Art Tischgenosse, wartete mit seinem Erscheinen auch gar nicht mehr ab, bis ich an ihn dachte, sondern kam auch, wenn ich mit meinen Gedanken ganz woanders war. Meist bekam ich ihn nur zusehen, aber zuweilen war es mir auch, als streife mich der Stoff eines Gewandes und als ob ich den Druck einer Hand auf meiner Schulter fühlte. Ich führte dabei damals durchaus kein Stubenhockerdasein, ritt viel mehr täglich aus, lebte unter dem Zelt und fühlte mich gottlob wie immer gesund wie ein Fisch im Wasser.
Eigentlich hätte ich den Vorgang sich ruhig entwickeln lassen sollen, aber die ungewohnte Gegenwart fiel mir auf die Nerven und ward schließlich geradezu zum Alpdruck. Ich entschloss

mich daher, das Trugbild aufzulösen, weil ich seiner nicht mehr ganz Herr war, was mir auch, obgleich erst nach sechs Monaten, gelang. Mein Lama hatte ein zähes Leben.

Das ich freiwillig meine Sinne täuschen konnte, ist nicht weiter erstaunlich. Diese Fälle von „Verkörperungen" sind nur deshalb so eigenartig, weil auch dritte Personen solche durch den Gedanken hervorgebrachte Formen sehen können."

Dieser hervorgebrachte Lama hat sich nach und nach selbständig gemacht. Er hat manche Arbeiten in der Gruppe verrichtet, wurde von anderen gesehen und sein Aussehen hat sich mit der Zeit auch verändert. Der dicke gutmütige Lama ist dünn geworden mit listigem und bösem Gesichtsausdruck, beinahe bedrohlich. Er wurde dreist und fing an Unannehmlichkeiten zu bereiten. Mit Entsetzen erkannte David-Neel, dass der Mönch, für dessen Existenz sie verantwortlich war, sich zu einem gefährlichen Geschöpf entwickelte. Sie wusste, dass es allein ihre Verantwortung war, ihn wieder zu beseitigen, indem sie ihn wieder zurück in ihren eigenen Geist nahm, aus dem er gekommen ist. Er ist inzwischen so unabhängig geworden, dass er glaubte, ein eigenes Existenzrecht zu haben und widersetzte sich kräftig seiner Auflösung. Einige Monate der gleichen intensiven Konzentration, die ihn erschaffen hatte, waren notwendig, um ihn ein für alle mal aufzulösen und loszuwerden.

***

Ich glaube, dass jetzt jedem Leser klar geworden ist, wie gefährlich es sein kann, wenn man sich unvorbereitet und ungeschult in das Abenteuer „Erschaffung eines Wesens" stürzt. Obwohl Alexandra David-Neel eine geschulte und erfahrene Magierin war, hatte selbst sie Schwierigkeiten, das einmal erschaffene Wesen wieder aufzulösen. Sollte sich einer doch in einem solchen Unternehmen versuchen und sollte es ihm, wider Erwarten, gelingen, kann das sein Verderben sein und nicht Ruhm und Anerkennung bringen, wie er es sich erhofft hat. Also, mein Rat für jeden ist: Finger weg von solchen Experimenten, wenn Sie nicht magisch geschult und ein Experte vor allem in der Meisterung von sich selbst sind.

Nachwort

In diesem Buch wollte ich zeigen, dass nicht nur die Verstorbenen diejenige sind die das Jenseits bewohnen. Viel mehr Wesen und Formen finden ihren Lebensraum in dieser anderen Ebene, in der astralen Welt, verteilt von dem niedrigsten bis zum höchsten Niveau. Und manchmal werden auch diese Formen, die sowieso immer um uns herum sind, sichtbar und tastbar für alle oder nur für die Menschen mit geschulten und geöffneten astralen Sinnen. Alles was im Buch angegeben ist, soll auch eventuell eine Anregung sein, sich auf die eigenen Fähigkeiten zu besinnen, sich in das große Gewebe des Lebens einzufügen, zu erbitten und zu geben und die Vielfalt des Seins zu erkennen.

Wir leben in einer Welt des Getrenntseins und nicht nur, dass sich Wesen der grobstofflichen Realität getrennt von der göttlichen Vorsehung fühlen. Das ist in allen Dimensionen des Seins der Fall außer in der höchsten, wo das Wesen eins mit Gott wird. Erst dann hört die Getrenntheit auf, was allerdings nicht bedeutet „Bewusstlosigkeit und Nichtwissen." Im Gegenteil, das menschliche Wesen wird erst dann absolut bewusst und allwissend. Bis dann aber kann uns der Kontakt mit in ihrer Entwicklung höher gestiegenen Wesen helfen, uns schneller zu entwickeln, viele Irrtümer und Fehler zu vermeiden und so unseren Weg zum Absolutem zu verkürzen. Oder, wenn wir unsere Schwächen nicht besiegen können und uns durch unsere Leidenschaften und unsere Gier verführen lassen, auf Umwegen, durch den Kontakt mit niedrigeren und negativen Wesen und Geistern, durch viel mühsames Lernen und leidvolle Erfahrungen, langsam zu dieser Einheit streben.

Mag sein, dass sich der eine oder andere als ein Wesen aus einer anderen Welt in seinem physischen Körper fühlt und nicht weiß, was das zu bedeuten hätte. Vielleicht hat er das nur für sich behalten, um die möglichen Folgen solcher Äußerungen zu vermeiden, ohne zu wissen, was tatsächlich mit ihm geschieht. Wenn solchen Wesen geholfen wurde, ihre wahre Natur zu erkennen und ohne Angst vor psychischer Krankheit zu leben, hat das Buch seine Berechtigung erfüllt. Mein Ziel ist es, die Menschen mit der Vielfalt der Wesen anderer Dimensionen bekannt zu machen und ihnen bewusst zu machen, dass ein Kontakt zum Jenseits eine Bereicherung, aber auch eine Gefahr, wenn man es ungeschützt unternimmt, darstellen kann.

***

Im zweiten Buch „Unsichtbare Wesen unter uns" widme ich mich der Kontaktaufnahme zur geistigen Welt, wie auch der Schulung und Öffnung der astralen Sinne. Dabei mache ich den Leser auch mit dem genauen Ablauf einer Kontaktherstellung bekannt und zwar mit den verschiedenen Arten, auf die man mit den Wesen anderer Dimensionen kommunizieren kann. Ich hoffe, dass Sie auch beim Lesen des zweiten Buches Ihr Interesse befriedigen können.

Ihre Ljubica Radtke

Literaturverzeichnis:

David-Neel, Alexandra: „Magier und Heilige im Tibet",
Goldmann Verlag, München 2005
Bardon, Franz: „Der Weg zum wahren Adepten", Rüggeberg Verlag, Wuppertal 2001
Lavatsky, H.P. „Die Geheimlehre", ADYIR Theosophische Verlagsgesellschaft
Bieberger-Gruber-Herberstein-Hasmann: „Geisterschlösser in Österreich",
Ueberreuter Verlag, Wien 2004
Browne, Sylvia: „Einsichten", Goldmann Verlag, München 2007
Browne, Sylvia: „Von Geistern, Spuk, Gespenstern und dem Wiedersehen im Jenseits", Goldmann Verlag, München 2004
Fremantle, Franceska/Chögyam Trungpa – Herausgeber: „Das Totenbuch der Tibeter", Weltbild Verlag, Edition „Wege der Weisheit" München 1994
Geerk, Frank: „Paracelsus- Arzt unserer Zeit", Benziger Verlag 1992
Glückler, Patrik: „Burg Hohenzollern", Glückler Druck und Grafik, Hechingen 2000
Goldberg, Bruce: „Über die Grenzen der Zeit", Gustav Lübbe Verlag GmbH, Bergisch Gladbach 1994
Greber, Johannes Pfarrer: „Der Verkehr mit der Geisterwelt Gottes und seine Gesetze", Verlag Oskar Barenter, Göppingen
Kolpaktchy, Gregoire (Übersetzung und Kommentar):
„Das Ägyptische Totenbuch", Weltbild Verlag, Edition „Wege der Weisheit" München 1994.
Leadbeater, Charles W „Die Astralwelt", Aquamarin Verlag, 2008
Meek, Paul: „Der Himmel ist nur einen Schritt entfernt", Knaur Taschenbuch, München 2007
Moody, Dr. med. Raymond A.: "Leben vor dem Leben", Rowohlt Verlag, Reinbek bei Hamburg 1990
Praagh, James van: „Jenseitswelten", Goldmann Verlag, München 2007
Praschl-Bichler, Gabriele: „Die Habsburger und das Übersinnliche", Amalthea Verlag, Wien 2003
Roland, Paul: „Geister", 2008 bei Tosa im Verlag Carl Ueberreuter, Wien
Slavinski, Z.M.: „Nevidljivi uticaji", Beograd 2008
Sproul, Barbara C.: „Schöpfungsmythen der westlichen Welt" Weltbild Verlag, Edition „Wege der Weisheit" München 1994
Terhart, Franjo: „Magie- die geheime Kunst", Parragon
Uxkull, Woldemar von: „Eine Einweihung im alten Ägypten" Rüggeberg Verlag, Wuppertal 1999

Excalibur-Technik

Die Formel der
Schöpfung

Diskreieren
und Kreieren
der gewünschten
Lebensumstände mit der
Excalibur-Technik

Blom Verlag

Ljubica Radtke & Dipl. Päd. Ana Blom

Excalibur-Technik:
Die Formel der Schöpfung

ISBN 978-3-9811939-0-9
Preis: 37,00 EUR (D)
250 Seiten, Hardcover
www.blom-medien.de

Alles über Kreieren und Diskreieren:
Es gibt nur eine Wahrheit!

Es gibt nicht mehrere Kreationsmöglichkeiten, sondern nur eine; diese, die uns der größte Schöpfer selbst vorgibt. Auserwählte Magier und Eingeweihte wussten das.

Sie beobachteten: Alles in der Natur und im Universum entsteht auf ein und dieselbe Art. Der Schöpfungsakt ist immer gleich. Er ist ewig und unveränderbar und verläuft immer von A (Akasha) bis zum Z (Erde, Materialisation). Sie machten es nach.

Diesen einzig richtigen, wahren, natürlichen **Kreationsvorgang** lehrt die Excalibur-Technik. Sie lehrt auch seinen ebensolchen Gegenpool - die **Diskreation!**

Durch bewusste und willentliche Anwendung des päzisen Kreationsvorgangs lassen sich sämtliche materielle, charakterbezogene und spirituelle Wünsche kreieren, sowie das Ungewünschte jeder Art diskreieren.

Für alle, die die Gesetze und Wege der Entstehung bis zur fassbaren Form verstehen und sich bis zum **bewussten Schöpfer der eigenen Realität** entwickeln möchten, ist das Buch „Excalibur-Technik: Die Formel der Schöpfung" die richtige Wahl.

Das Buch beschert Ihnen das nötige theoretische Wissen über den Ablauf von Kreation und Diskreation, erläutert die Formel der Schöpfung, ist aber kein Ersatz für praktische Übungen, die zur vollkommenen Beherschung der Excalibur-Technik führen.

Ljubica Radtke & Dipl. Päd. Ana Blom

**Excalibur-Technik: Veränderung
des Körpers und Gesundheit**

*Kreation und Diskreation
angewandt auf den Körper*

ISBN 978-3-9811939-2-3

Preis: 29,00 EUR (D), 160 S., Hardcover

Kreation und Diskreation angewandt auf den Körper

In dem Buch sind viele gängige Formulierungen, die sich auf den Körper und Gesundheit beziehen, erläutert und auf Ihre Richtigkeit geprüft. Beispielhaft und detailliert erklären wir warum fast 99% der heute üblichen Formulierungen zur Gesundheit und zum körperlichen Wohlbefinden falsch und sogar für Ihren Körper sehr gefährlich sein könnten.

Es wird auch Schritt für Schritt gezeigt wie eine richtige Kreationsaussage aufzubauen ist und wie sie letztendlich lauten soll. Wir bieten zahlreiche schon fertige Kreationsaussagen, die Sie bedenkenlos benutzen können, egal mit Hilfe welcher Technik Sie versuchen Ihren Körper neu zu formen bzw. Ihre Gesundheit zu verbessern. Das richtige Wissen über die Macht des Wortes (richtige Wunschformulierungen) sollte nicht nur in der Excalibur-Technik einen hohen Wichtigkeitsgrad haben, sondern auch in jeder anderen Technik ebenso, wenn man sich selbst und seiner Umgebung nicht schaden möchte.

Ljubica Radtke & Dipl. Päd. Ana Blom

**Excalibur-Technik:
Erfahrungen aus der Praxis**

ISBN 978-3-9811939-1-6

Preis: 22,00 EUR (D), 150 S., Hardcover

Kreieren und Diskreieren im alltäglichen Leben

Gesammelte Erfahrungsberichte von den Teilnehmern unserer Excalibur-Seminare, wie auch unsere eigenen Erfahrungsberichte, zeigen wie man die Excalibur-Technik im Alltag zur Gestaltung der realen Lebensumstände nach Wünschen anwenden kann.

Aus zahlreichen Beispielen ist auch ersichtlich wie sich falsch formulierte Kreationsaussagen verwirklichen können. Oft nicht so, wie wir es erwarten. Die Realisation manifestiert sich immer und ganz genau entsprechend dem ausgesprochenen Wort ("Am Anfang war das Wort!").

Das Buch weist auf die Wichtigkeit des Wortes in der magischen Arbeit hin und belegt sie mit Beispielen der gelungenen und angeblich nicht gelungenen Kreationen.

Der Leser kann aus den Berichten aus der Praxis viel lernen und die neu gewonnenen Einsichten auch auf andere Techniken übertragen - denn die Macht des Wortes wirkt überall und gilt für alles und alle!